W0061635

Komm, wir gehen raus

Mit Kindern aktiv sein

forschen • entdecken • basteln • spielen

Sabine Lohf
Regina Bestle-Körfer
Annemarie Stollenwerk

Kösel

Inhalt

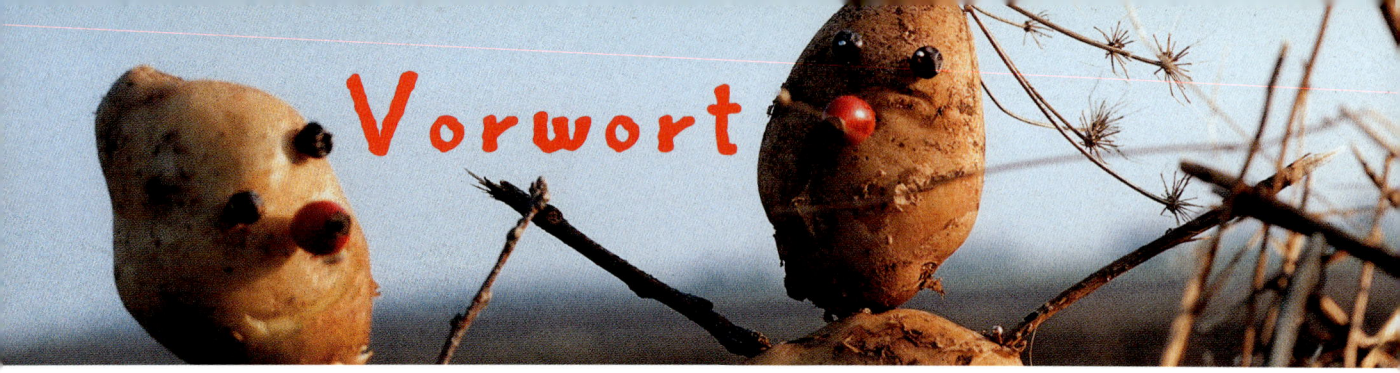

Vorwort

Wie Kinder in der Natur lernen

Die Natur, ein Raum ohne Türen und Wände. Ein Platz an der frischen Luft, voller Bewegung, Farbe, Geruch und sinnlicher Entdeckungen. In der Natur können Kinder lernen und forschen: über Tiere, Pflanzen, Bäume, Naturphänomene, die Elemente Erde, Wasser, Luft, Feuer. Das Besondere im Kontakt mit der Natur: Kinder lernen in der Natur auch viel über sich selbst, denn draußen an der frischen Luft sind sie immer aktiv. Sie bewegen ihren Körper so vielseitig, wie es in Innenräumen kaum möglich ist, trainieren ihren Gleichgewichtssinn, wenn sie über Stock und Stein springen, wenn sie auf Bäume klettern oder über Baumstämme balancieren. Ein gut trainierter Gleichgewichtssinn ist eine wichtige Basiserfahrung für jede Konzentrationsleistung und für das Lesen- und Schreibenlernen in der Schule. Auch die „Mutter aller Sinne", der Tastsinn, erfährt im engen Kontakt mit Erde, Steinen, Blättern, Tieren usw. eine Vielzahl an Reizen über die sensiblen Hautrezeptoren. Dies stellt ebenfalls eine wichtige Basiserfahrung für das Lernen dar, denn jedem Begreifen mit dem Verstand geht mindestens eine Tasterfahrung voraus. Ein „Begreifen durch Greifen" führt Menschen immer an die Wurzel jeder Erkenntnis.
Das, was durch die Hände geht, wird über das Sinnesorgan Haut direkt zum Gehirn weitergeleitet und auf der Großhirnrinde abgebildet – je häufiger, umso nachhaltiger für jeden Lernprozess. Die rasante Weiterentwicklung des Vorschulkindes kann nur gelingen, weil seine Sinne in diesem Alter hellwach und allzeit bereit für Erfahrungen sind. Und weil Kinder im Vor-

und Grundschulalter ihre Sinne täglich trainieren müssen, um ihre Gehirnreifung voranzutreiben, sind sie in der Natur gut aufgehoben.

Die Natur ist komplex und bietet allen Sinnesbereichen (Tastsinn, Gleichgewichtssinn, Bewegungssinn, Sehen, Hören, Riechen und Schmecken) Nahrung. Ohne die Übung der Sinne gibt es keinen Kontakt zur Außenwelt, kein Verstehen der Welt und letztlich auch keinen Verstand. Die Fantasiebegabung der Kinder, ihr magisches Denken und Fühlen im Vorschulalter, führt sie hinein in eine Welt voller Naturwunder, die sie sinnlich erfahren und als Naturforscher mit ihrer Neugier begreifen wollen. In diesem Sinne legt dieses Buch den Weg zu den Grundlagen kindlichen Lernens wieder frei und wirbt für eine lebendige Kindheit voller fantasiebegabter, kreativ und aktiv handelnder und denkender Menschen.

„Alles, was an Großem in der Welt geschah, vollzog
sich zuerst in der Fantasie des Menschen."
Astrid Lindgren

Sonnengeschichten

Der Sonnenwagen

Eine alte Sage erzählt folgende Sonnengeschichte: Vor sehr langer Zeit wurde die Sonne jeden Tag von Himmelspferden in einem Wagen über den Himmel gezogen. Der Lenker des Sonnenwagens hieß Helios. Am Morgen trieb er seine Pferde über den weiten Himmelsweg und sorgte dafür, dass die Sonne nicht vom Sonnenwagen hinunter auf die Erde rutschte, sonst wäre die Erde verbrannt. Am Abend fiel Helios erschöpft ins Bett und schlief tief und fest bis zum nächsten Morgen.

Die Kinder bauen eine unebene Himmelslandschaft aus z. B. Matratzen, Wackelbrettern, Balancierstangen, Eierkartons, Turnmatten mit unterlegten Tennisbällen usw. Sie bekommen immer zu zweit einen „Sonnenball" und versuchen ihn auf zwei Stäben oder Stöcken sicher über den selbst gebauten, wackligen Himmelspfad zu tragen.

Sonnen-Handpuppe

Man braucht:
- Filz
- 2 Perlen
- Wolle
- Klebstoff
- Farben

Zwei Kreise aus gelbem Filz ausschneiden. Gelbe Wollfäden entlang der Kanten kleben. Beide Kreise aufeinander kleben. Unten eine Öffnung für den Zeigefinger lassen. Der Sonne Perlenaugen aufkleben und einen Mund aufmalen. Wer mit der Sonne spielen will, kann seine Hand anmalen und die Sonne auf den Finger stecken.

Wo ist der Sonnenball?

Helios ist in aller Frühe, noch vor dem ersten Hahnenschrei, aufgestanden. Er muss die Sonne für seine tägliche Reise über den Himmel auf den Wagen laden. Doch – o Schreck! Er kann sie nirgends finden. Die Himmelspferde wissen, wo sich die Sonne versteckt hat, und helfen Helios bei der Suche.

Ein Kind spielt den suchenden Helios. Es geht kurz vor die Tür und der „Sonnenball" wird versteckt. Helios wird hereingerufen und beginnt zu suchen. Die anderen Kinder spielen die Pferde. Sie wiehern lauter, wenn Helios sich der Sonne im Versteck nähert, und leiser, wenn er sich wieder vom Sonnenversteck entfernt.

Sonnenwagen

Man braucht:
- Klorolle
- Schere
- Pappe
- Schachtel
- Farben
- Wollfäden
- 2 Holzstäbchen
- Styroporkugel

Aus Pappe den Pferdekopf und vier Beine ausschneiden und an die Klorolle kleben. Alles anmalen und trocknen lassen. Mähne und Schweif ankleben. Zwei Kreise aus Pappe ausschneiden, anmalen und an der Schachtel feststecken. Die gelb angemalte Styroporkugel in den Wagen legen. Zwei Holzstäbchen seitlich in den Wagen stecken und mit Bindfaden am Pferd befestigen.

Sonnenblumenmärchen

Einst wuchs eine kleine gelbe Blume im Schatten einer alten Steinmauer. Sie war so schüchtern, dass sie immer nur die Mauer anschaute. Deshalb wurde sie von allen „Mauerblümchen" genannt. Sie hatte sich noch nie selber gesehen und glaubte, sie sei hässlich wie die schwarze Nachthexe. Das machte sie sehr traurig. Eines Tages geschah es, dass die Steinmauer abgerissen wurde. Mauerblümchen wusste nicht mehr, wo sie hinschauen sollte, und knickte ihr Köpfchen mutlos nach unten. Da fiel ein Sonnenstrahl auf die Erde und berührte Mauerblümchen. Neugierig hob sie ihr Köpfchen und sah die strahlende Sonne am Himmel zum ersten Mal. Sie musste blinzeln, so geblendet war sie. Auf einmal fühlte sie sich stark und kräftig und begann ein wenig zu wachsen. Die Sonne hatte Mauerblümchen beobachtet und rief: „Schau mich an, kleine Blume. Ja, du bist gemeint. Ich möchte dein Gesicht sehen." Mauerblümchen flüsterte erschrocken: „Nein, lieber nicht. Ich bin hässlich wie die Nachthexe." Die Sonne antwortete sanft: „Deine Blüte ist wunderschön gelb. Wie schön werden deine Augen sein? Komm, schau mich an!" Mauerblümchen wagte erneut einen Blick zum Himmel. Da fühlte sie sich noch kräftiger und wuchs der Sonne ein großes Stück entgegen. Die Sonne klatschte Beifall und rief zum dritten Mal: „Schau in meinen goldenen Spiegel hinein!" Mauerblümchen sah in den Sonnenspiegel hinein. Da erblickte sie ihr strahlendes Sonnenblumengesicht und lachte. Die Sonne gab ihrer liebsten Blumenfreundin den schönen Namen: Sonnenblume.

(Regina Bestle-Körfer)

Wer wird Sonnenblumenkönig?

Im Frühsommer sät jedes Kind, das bei diesem Wettbewerb mitmachen möchte, in einem Topf Sonnenblumen aus. Die Töpfe werden mit Namen versehen. Welche Blume wächst am höchsten? Der Sieger bekommt einen Orden aus einer echten oder gebastelten Sonnenblumenblüte, die auf ein schönes Band geklebt und mit einer Sicherheitsnadel angeheftet wird.

Sonnenblumentanz

Die Sonnenblume wollte nie mehr im Schatten stehen. Seit diesem Tag tanzt sie, immer wenn die Sonne scheint, einen Sonnenblumentanz.

Die Kinder basteln Sonnenblumenmasken und tanzen mit ihren Masken einen Sonnenblumentanz. Das erste Kind beginnt den Tanz in der Kreismitte zunächst allein. Es hält eine gebastelte Sonne in der Hand und gibt sie an ein Kind weiter. Die Sonne wird so lange weitergereicht, bis alle Sonnenblumen im Sonnenschein tanzen.

Sonnenblumen-Maske

Man braucht:
- 1 Holzstab
- Cutter
- 1 Perle
- 1 Pappteller
- Klebstoff
- 1 Tannenzapfen
- Farben und Pinsel
- Krepppapier

Den Pappteller und den Holzstab anmalen. Aus dem gelben Krepppapier viele Blütenblätter ausschneiden und rings um den Pappteller kleben. Mit dem Cutter Augenschlitze in den Pappteller schneiden. Einen Tannenzapfen zwischen den Händen zerreiben und die Krümel in die Mitte des Tellers kleben. Man kann auch Sonnenblumenkerne nehmen. Dann den Holzstab von hinten an den Teller kleben. Eine Perlennase und einen Mund aus Tonpapier in das Blumengesicht kleben. Zum Spielen den Holzstab so halten, dass die Blume das Gesicht verdeckt, aber so, dass man durch die Augenschlitze sehen kann.

Ein kunterbuntes Erdenkleid

Elfenzauber

Eine bunte Blumenwiese ist das Reich der Elfen. Wer sich an einem schönen, sonnigen Tag ganz still auf eine bunte Blumenwiese setzt, kann sie vielleicht zu einem fröhlichen Lied tanzen sehen.

Elfenlied

(Melodie: Ein Männlein steht im Walde)
Auf kunterbunten Wiesen im Sonnenschein
da tanzen kleine Elfen den Blumenringelreih'n.
Hüpfen fröhlich Hand in Hand,
Blüten schmücken ihr Gewand,
drehen sich und springen durchs Elfenland.

Die Kinder pflücken Löwenzahn- oder Gänseblümchenblüten und stecken sie sich zwischen ihre nackten Zehen. Gemeinsam tanzen, hüpfen und springen sie über die Wiese, während das Elfenlied gesungen wird. Wer seine Blüten am längsten zwischen den Zehen halten kann, wird Elfenprinzessin oder Elfenprinz.

Versteckt!

Den ganzen Tag haben die Elfenkinder auf der Wiese gespielt. Nun ist es Abend geworden und bald wird die Sonne untergehen. Die Elfeneltern haben schon zum Abendessen gerufen. Aber zuerst müssen die Spielsachen noch eingesammelt werden, die über die ganze Wiese verstreut sind! In einer bunten Blumenwiese werden kleine Spielzeuge versteckt, z. B. Duplosteine, kleine Tiere, Bälle, Stifte, Tücher. Die Kinder bilden Paare. Immer zwei Paare laufen anschließend mit einem Korb über die Wiese und versuchen, möglichst viele Spielsachen zu entdecken. Welches Paar wird Sammelkönig?

Blumenelfe

Man braucht:
- Holzstäbchen
- Wattekugel
- grünen Tüll
- Filzstifte
- Papier
- Klebstoff

Über das Holzstäbchen den Tüll drapieren und darüber die Wattekugel stecken. Der Wattekugel ein Gesicht aufmalen und eine Blüte aus Papier auf den Kopf kleben. In den Tüll kann man noch Gänseblümchen oder Löwenzahnblüten stecken, bevor man die Elfe in ein Blumenbeet steckt.

Löwenzahn-Löwe

Man braucht:
- Löwenzahnblüte
- Korken
- Streichhölzer
- Stecknadeln

Die Löwenzahnblüte mit der Stecknadel auf den Korken stecken. Streichholzbeine seitlich in den Korken stecken. Das Löwengesicht mit ein paar Blüten gestalten.

Sommerwiese

Gras rupfen

Jedes Jahr helfen die Wiesenheinzel dem Bauern bei der Heuernte. Sie rupfen Gras für die Tiere auf dem Bauernhof.

Die Kinder spielen Wiesenheinzel. Sie probieren verschiedene Möglichkeiten aus, wie sie Gras rupfen und transportieren können, z. B.

- mit den Händen: Nur mit links, nur mit rechts oder mit beiden Händen rupfen sie Gras und stopfen so viel sie können in einen Eimer;
- mit den Füßen: Die Kinder versuchen, mit nackten Zehen Gras auszu-rupfen und es mit den Füßen in den Eimer zu stecken;
- mit dem Gras füllen sie einen Korb und tragen ihn auf dem Kopf;
- zu zweit balancieren die Kinder einen Graskorb auf ihren Händen;
- ein Kind spielt einen Esel, der einen mit Gras gefüllten Korb auf dem Rücken über einen Weg trägt usw.

Wiesenblumenkranz
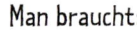

Man braucht:
- Wiesenblumen
- Blumendraht oder Bindfaden

Wiesenblumen pflücken und so zusammenlegen, dass die Blumenköpfe hintereinander in einer Reihe liegen. Immer wieder mit Blumendraht oder Bindfaden umwickeln. Hat man auf diese Weise eine gewisse Länge erreicht, die Blumenreihe zu einem Kranz schließen und die Enden fest umwickeln. Zu lange Stiele mit der Schere abschneiden. Auf diese Weise kann man auch einen Blumenkranz als Kopfschmuck herstellen.

Heukitzeln

Alle Kinder stehen im Kreis und strecken ihre Handflächen nach hinten aus. Ein anderes Kind geht um den Kreis herum. Es hat ein Heubüschel in der Hand, mit dem es verschiedene Kinder kitzelt, ehe es das Bündel hinter einem Kind fallen lässt und dabei ruft: „Heu, Heu!" Das entsprechende Kind nimmt das Heubündel in die Hand und versucht, den Rufer zu fangen und ihn mit dem Heubündel zu kitzeln. Gelingt ihm das, bevor dieser den leeren Platz im Kreis erreicht hat, beginnt eine neue Spielrunde.

Mohnpüppchen

Man braucht:
- Wattekugeln
- Filzstifte
- Nadel und Faden
- Mohn- und andere Blüten

Die Mohnblumen müssen sehr vorsichtig behandelt werden, denn sie welken schnell. Die einzelnen Blüten zum Stiel herunterklappen, sodass sie wie ein Kleid aussehen. Der Wattekugel ein Gesicht aufmalen, mit der Nadel einen Faden durchziehen und an dem Mohnkleid festnähen.

Mohnblüten-Schmetterling

Man braucht:
- Mohnblüten
- Tonpapier
- Klebefolie

Die Mohnblüten werden gepresst. Aus der Klebefolie schneidet man ein Stück so zu, dass die Blüten gut darauf passen. Aus Tonpapier schneidet man einen Schmetterlingskörper und einen Kopf zu. Man zieht von der Klebefolie die Schutzfolie ab und klebt die Teile und zwei Blüten darauf. Eine zweite Folie darüber kleben und ringsherum die überstehende Folie abschneiden.

Pflanzengeheimnisse

Pflanzen können „sehen"

Sonne und Licht sind die liebsten Freunde der Pflanzen. Sie wachsen immer dem Licht entgegen. Auch die Blätter der Pflanzen können sich der Sonne zu- oder abwenden, je nachdem, wie viel Sonnenlicht die einzelne Pflanze vertragen kann.

Experiment: Kressesamen, die ihr Licht von oben bekommen, wachsen senkrecht in die Höhe. Wenn wir den Lichteinfall auf die Kressesamen ein wenig umleiten und sie durch eine Abdeckung von der Seite beleuchten, wachsen die Kressesamen schräg.

Pflanzenmemory

Auf einem Tisch stehen zum Betrachten unterschiedliche Gartenblumen, Blätter, Gräser usw. jeweils in einem Glas mit Wasser. Die Kinder werden in Kleingruppen aufgeteilt. Für jede Gruppe steht ein eigener Tisch mit Gläsern bereit. Auf ein Startkommando laufen alle Kinder hinaus in den Garten und versuchen, die gleichen Pflanzen im Garten zu finden, die auf dem Tisch im Kreis stehen. Die Gruppe, die zuerst alle Pflanzen in der gleichen Anordnung in den Gläsern ihres Tisches aufgestellt hat, ist Sieger im Pflanzenmemory.

Kartoffelmonster

Man braucht: • Kartoffeln • Obsttüten aus Papier

Wenn man Kartoffeln in eine dunkle Tüte steckt und
an einen warmen Ort legt, fangen sie nach einigen
Tagen an zu keimen. Öffnet man die Tüte dann wieder,
kann ein Kartoffelmonster aus ihr hervorkommen.

Durstiger Porree

Man braucht: • 1 Stange Porree   • 1 Glas
              • Wasser   • rote Farbe

In einem Glas wird Wasser mit der roten Farbe
vermischt. Den Porree dort über Nacht hineinstellen.
Am nächsten Tag die Pflanze der Länge nach
aufschneiden, sodass man gut sehen kann, wie
sie das farbige Wasser in ihren Fasern aufgesogen
hat.

Naturrätsel

Im bunten Sommerkleide
schwebt über Wiesen, übers Feld
ein wunderschönes Flatterding –
wir nennen es auch ...
(Schmetterling)

Mit Eifer und mit Summgebrumm
tollt sie auf der Wiese rum.
Schlüpft in Blüten tief hinein,
fleißig trägt sie Pollen heim.
(Biene)

Die Biene dreht sich im Wind

Man braucht:
- 1 leere Haushaltsrolle
- Glitzerpapier
- 2 Zahnstocher
- 1 Rundholzstab
- Tonkarton
- schwarze Wolle
- Perlen
- Klebstoff

Die obere Öffnung der Haushaltsrolle zukleben. Dann die Rolle mit gelbem Karton bekleben. Aus schwarzer Wolle Streifen um die Rolle wickeln. Die Fadenenden festkleben. Flügel aus Tonkarton ausschneiden, mit Glitzerpapier bekleben und als Flügel an der Rolle festkleben. Kopf und Hut aus Tonkarton ausschneiden und ebenfalls an der Rolle festkleben. Die Biene auf den langen Holzstab setzen. Weht der Wind, dreht sich die Biene.

Naturquiz

Professor Sonnentau ist Naturforscher. Er möchte alles über Tiere und
Pflanzen in der Natur erkunden.

Alle Kinder bekommen eine Lupe und spielen Naturforscher. Wer kann die
folgenden Naturquizfragen beantworten?

- Wie viele Beine hat eine Spinne? (8)
- Welche Farbe hat ein Regenwurm? (Rosa-Braun)
- Womit saugt der Schmetterling den Nektar aus einer Blüte? (Rüssel)
- Sind die Blätter vom Löwenzahn rund oder gezackt? (gezackt)
- Wie viele Augenflecken trägt das Tagpfauenauge – ein rotbrauner
  Schmetterling – auf seinen Flügeln? (4)

Die Kinder erkunden mit der Lupe weitere Details und stellen sich
gegenseitig Naturquiz-Fragen.

Wäscheklammer-Schmetterling

Man braucht:
- Holzwäscheklammern
- Farben, Pinsel
- weißes, festes Papier
- Stecknadeln

Die Umrisse von Schmetterlingen auf das weiße Papier aufmalen. Farbe auf die eine
Hälfte des Bildes klecksen, dann das Bild in der Mitte knicken, sodass die Farbe auf der
anderen Bildhälfte abdruckt. Dann die Schmetterlingsform ausschneiden und in die
Mitte eine bemalte Wäscheklammer kleben.

Sommergenüsse

Fruchtige Sprüche

Frau Kirsche vom Baum
ist süß wie ein Traum,
ist rot wie Blut,
sie schmeckt mir so gut!

Fünf üble Schurken
aßen grüne Gurken,
geschnibbelt in Salaten
mit roten Tomaten.
Noch Schnittlauch dazu
und raus bist du!

Eine süße Himbeere
hatte die Ehre
im Sahnekuchen
einen Platz zu suchen.
Da ist Lisa gekommen,
hat ein Stück Kuchen genommen,
hat an der Sahne geschleckt:
war die Himbeere weg!

(Annemarie Stollenwerk)

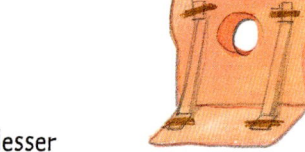

Kirschkernschlucker

Man braucht:
- 1 großes Stück Pappe
- 1 Stück Versandrolle
- Farben und Pinsel
- Messer
- Klebeband

Auf die Pappe die Umrisse der Figur zeichnen und ausschneiden.
In der Mitte, dort, wo die Schnauze sein soll, ein großes Loch ausschneiden, dass das Stück Versandrolle hineinpasst. Nun das Tier
mit rosa Farbe bemalen. Wie der Kirschkernschlucker von hinten
abgestützt ist, sieht man auf der Zeichnung. Zwei Pappstreifen
werden mit Klebestreifen als Stützen fixiert.

Buntes Pflückspiel

Im Sommersonnenschein sind viele Obst- und Gemüsesorten reif geworden. Sie müssen gepflückt werden.

In einem Spielfeld werden farbige Pappkreise verteilt. Sie stellen die unterschiedlichen Obst- und Gemüsesorten dar: Hellgrün ist z. B. der Salat, Rot sind die Kirschen, Gelb die Pfirsiche, Blau die Pflaumen usw. Alle Kinder stellen sich am Spielfeldrand auf. Ein Kind gibt das Kommando. Es ruft, welches Obst oder Gemüse gepflückt werden soll und auf welche Weise, z. B. grüner Salat auf allen vieren! Die Kinder tragen die entsprechende Farbe zum Spielfeldrand und legen sie dort in eine Kiste. Das Spiel endet, wenn alles Obst und Gemüse geerntet ist.

Marktstand und Bärenverkäufer

Man braucht:
- 1 Eierkarton
- Pappe
- 2 Holzstäbchen
- Tonpapier
- 2 Klorollen
- Farben
- 2 Streichholzschachteln
- Klebstoff

Den Eierkarton anmalen und den Deckel mit den Holzstäbchen hochstecken. Die Verkäufer werden so gebastelt: Aus Tonkarton zwei Bärenköpfe ausschneiden. Die Klorollen mit Buntpapier bekleben und oben die Köpfe ankleben. Arme ausschneiden und seitlich an die Bären kleben. Die inneren Schachteln der Streichholzschachteln zwischen die Bärenarme kleben und mit Früchten füllen. Ebenso den Obststand mit Beeren füllen.

Kräuterfest

Glückserbsen

Die Kräuterhexe Lavendula ist eine Kräuter- und Pflanzenzauberin. Sie lädt in ihren Kräutergarten ein und führt durch die Welt der Zauber- und Hexenpflanzen. In ihrer Zauberschachtel bewahrt Lavendula Glückserbsen auf, die uns ins Zauberland führen. Wer im Besitz einer Erbse ist, dem verleiht sie Glück und Hellsichtigkeit.

Ein Kind spielt Lavendula, die Kräuterhexe. Es hält die Zauberschachtel mit den Erbsen in der Hand und verteilt an jeden Festbesucher eine Erbse in einem kleinen Stoffbeutel. Besonders kostbar wirken goldgefärbte Erbsen.

Kräuterhexe

Man braucht:
- 1 Strauß Kamille
- 1 Strauß Lavendel
- lange Grashalme
- Kartoffel
- Stöckchen
- 2 Pailletten
- Möhre
- Bindfaden

Die Kartoffel auf ein langes Stöckchen stecken. Um dieses Stöckchen den Strauß mit der Kamille wickeln. Aus den langen Grashalmen Arme zusammenbinden. Die Arme mit einem Bindfaden unterhalb des Kopfes festbinden. Eine Möhrennase in die Kartoffel stecken. Zwei Pailletten mit Stecknadeln als Augen auf der Kartoffel befestigen. Der Hexe ein Kopftuch aus Krepppapier um den Kopf wickeln. Aus einem Stock und einem kleinen Strauß Lavendel einen Besen basteln und diesen am Arm der Hexe festbinden.

Süßeträumekissen

In Lavendulas Zaubergarten blüht blauer Lavendel und verbreitet einen traumhaften Duft.

Die Kinder ernten blühende Lavendelblüten und fertigen duftige Süße-träumekissen an. Dann bereiten sie ein Bett mit Lavendelkissen. Immer ein Kind legt sich für ein sinnliches Verwöhnspiel auf das Bett mit geschlossenen Augen. Das schlafende Kind wird mit einer Streichelmassage (z. B. einer Feder, einer weichen Bürste) verwöhnt und bekommt ein Schlaflied vorgesummt. Welche süßen Träume wurden auf dem Lavendelkissen geträumt?

Abra-Kabra-Katzenschwanz

Einst wollte Lavendula ihrem Kater Moritz, der seinen Schwanz verloren hatte, einen neuen Schwanz zaubern. Da wuchs Moritz tatsächlich ein Schwanz und genau an der Zauberstelle wuchs ein Gewächs aus der Erde, das einem Katzenschwanz glich. Lavendula nannte es Katzenschwanz. So nennt dieses Kraut auch der Volksmund. Weil es auf allen Wegen weiterwuchs, wird es auch Wegerich genannt. In Lavendulas Kräuterküche hilft Wegerich müden Füßen oder wenn sich beim Laufen Blasen gebildet haben. Zerriebene Spitz- oder Breitwegerichblätter tun auch gut bei Insektenstichen.

Wegerich-Kater

Man braucht:
- Korken
- Farben
- 1 Perle
- Stecknadeln
- Wegerichblüte
- Papier
- Klebstoff

Den Korken anmalen und Ohren aus Papier ankleben. Eine Perlennase ankleben und die Wegerichblüte als Schwanz an den Kater kleben.

Glücksklееmemory

Lavendula besitzt ein Glücksklee-Memoryspiel aus getrockneten Kleeblättern, das sie gerne mit ihrer Hexenfreundin Hilda spielt.

Für dieses Spiel werden einige dreiblättrige und zwei vierblättrige Kleeblätter benötigt, die einige Tage in einem dicken Buch gepresst werden, bevor sie auf Bilderkärtchen geklebt und mit einer Schutzfolie überzogen werden. Alle Karten werden wie beim Memoryspiel verdeckt auf dem Tisch verteilt und es werden von jedem Spieler immer zwei Kärtchen aufgedeckt und wieder umgedreht. Wer zuerst die beiden vierblättrigen Kärtchen aufgedeckt hat, ist Sieger im Glücksklееmemory.

Glücksklee-Karte

Man braucht:
- festes Papier
- Tonpapier
- Geschenkband
- Farben
- Kleeblatt
- Klebstoff
- selbst klebende Folie

Aus dem festen Papier eine Karte zuschneiden und einen Hintergrund daraufmalen. Aus rosafarbenem Tonpapier ein Schwein ausschneiden und auf die Karte kleben. Ein gepresstes Kleeblatt aufkleben. Dann die ganze Karte mit der Folie bekleben. Oben durch die Karte ein schönes Geschenkband ziehen.

Kräuterfeuer

Lavendula schützt ihr kleines Häuschen im Wald bei Gewitter gegen Blitzeinschlag mit Kräutern. Sie wirft dann einen Kräuterzweig mit dem folgenden Zauberspruch ins Herdfeuer hinein: Wide, wade Kräuterbrei, Gewitterblitze zieht vorbei!

Die Kinder stehen um einen Feuerkorb und versuchen, einen Kräuterzweig oder einen Ast von einem Holunder-, Hasel- oder Weidenbaum in den Feuerkorb zu werfen. Jeder hat fünf Versuche, für jeden Treffer gibt es einen Punkt.

Hexenkräutertanz

Lavendula lädt alle Festteilnehmer zum Hexentanz auf ihre grüne Wiese ein. Sie beginnt den Hexenbesentanz alleine und sucht sich während des Tanzes einen Tanzpartner aus. Ihm übergibt sie ihren Tanzbesen, an dem ein Kräuterbündel befestigt ist. Der Tänzer muss wieder eine neue Tanzpartnerin suchen und den Hexenbesen weitergeben, bis schließlich alle Zuschauer am Hexenbesen-Kräutertanz teilnehmen. Nach erfolgreicher Teilnahme am Besentanz bekommen alle verhexten Tänzerinnen und Tänzer den Hexenkräuterorden überreicht.

Hexenkräuterorden

Man braucht:
- festes Papier
- Farben
- Blätter
- Sicherheitsnadel
- Klebstoff

Aus dem Papier zwei Kreise ausschneiden und auf den einen Kreis ein Hexenporträt malen. Hinter das Porträt kreisförmig die Blätter kleben. Darauf von hinten den zweiten Kreis kleben. Ist der Klebstoff getrocknet, eine Sicherheitsnadel durch den Kreis stecken und den Orden am Pullover befestigen.

In Bauer Beckmanns Garten

Bauer Beckmanns Rüben

Zu Bauer Beckmanns Bauernhof gehört ein großer Gemüsegarten mit Beeten voller Salat, Tomaten, Zwiebeln und Kohl. Nur seine Rüben wollen in diesem Jahr nicht so richtig wachsen.

Alle Kinder stehen in einem großen, abgegrenzten Spielfeld. Auf dem Boden wird neben dem Spielfeld mit Stöcken ein Rübenbeet markiert. Ein Kind spielt den Bauern Beckmann. Alle anderen rufen folgenden Spruch:

Bauer Beckmann, deine Rüben
sind ja winzig klein geblieben.
Wachsen schlecht in deinem Garten,
musst auf größre Rüben warten!

Dann laufen sie schnell davon, damit der Bauer sie nicht erwischt, sie dürfen aber das Spielfeld nicht verlassen. Jedes Kind, das der Bauer Beckmann fängt, wird zu einer Rübe und muss sich ins Beet hocken.

Gemüsetheater

Mit Stoffresten, Papier, Wolle und verschiedenfarbigen Bändern schmücken die Kinder verschiedene Gemüsesorten, geben ihnen lustige Namen und spielen mit ihnen. Zum Abschluss des Gemüsetheaters kann eine leckere Gemüsesuppe gekocht werden.

Fürs Gemüsetheater lassen sich die Kinder lustige Verse einfallen, z. B.:

Die Lauchfrau Henriette schmückt sich mit einer Kette.
Sie tanzt hoch auf den Zehen und ihre Röcke wehen.

Ein knolliger Kartoffelzwerg klettert auf einen Blätterberg.
Dort hüpft er auf und nieder und singt verrückte Lieder.

Drei knallrote Tomaten kullern durch unsern Garten.
Sie heißen Fips und Finn und Flo und wackeln mit dem dicken Po.

Herr Zwiebel und Frau Paprika verstehen sich ganz wunderbar.
Oft laden sie sich Gäste ein und trinken süßen Apfelwein.

Kleiner Garten

Man braucht:
- Obstkiste
- Erde
- Papier
- Blüten
- Spielfiguren
- Schere

Die Obstkiste mit Papier auslegen und die
Erde hineinfüllen. Mit Blüten, Stöckchen
und Gräsern einen kleinen Garten anlegen.
Den Garten mit kleinen Papierhühnern,
Figuren aus Wäscheklammern und einem
kleinen Häuschen ausstatten.

Regenwurm Winni

Winni, komm aus deinem Loch!

Wenn dicke Regentropfen auf die Erde prasseln, kriechen Regenwürmer an die Erdoberfläche. Deshalb sind die Vögel bei Regenwetter immer zur Stelle, denn jetzt finden sie mühelos so manchen Leckerbissen für sich und ihre Jungen.

Mit einem Seil oder Steinen legen wir ins Spielfeld ein Regenwurmloch. Dort setzen sich drei Kinder hinein, sie sind Regenwürmer. Am Spielfeldrand steht ein weiteres Kind. Es spielt eine hungrige Amsel. Wenn sie kräftig auf den Boden trommelt oder zwei Steine aneinander schlägt, beginnt es zu regnen und die Regenwürmer müssen ihr Loch verlassen und sich am Spielfeldrand in Sicherheit bringen. Beim Trommeln ruft die Amsel: „Regenwurm, komm aus dem Loch, Regenwurm ich krieg dich doch!" Dann versucht sie, einen der Regenwürmer zu erwischen. Gelingt ihr das, beginnt das Spiel von neuem.

Regenwurm-Wettrennen

Im feuchten Erdreich fühlen sich Winni, der Regenwurm, und seine Freunde sehr wohl. Unermüdlich kriechen sie umher und lockern dabei den Erdboden kräftig auf.

Die Kinder bilden zwei Gruppen. Alle Kinder einer Gruppe werden zum Regenwurm und suchen sich einen Regenwurmnamen aus. An der Startlinie stellen sie sich in einer Reihe hintereinander auf und gehen dann in den Vierfüßlerstand. Damit ein langer Wurm entsteht, hält sich jedes Kind an den Fußgelenken des Vordermannes fest. Dann kann es losgehen. Welcher Regenwurm kriecht als Erster ins Ziel?

Winni, der Regenwurm

Man braucht:
- braune Pfeifenreiniger
- Holzperle
- Filzstifte
- braunen Karton
- Locher

In den braunen Karton werden ganz viele Löcher gestanzt. Auf den Pfeifenreiniger wird die Holzperle gesteckt. Sie bekommt ein Gesicht aufgemalt. Dann wird Winni durch die Löcher im Karton gesteckt.
Man kann mit Winni spielen: Durch wie viele Löcher krabbelt Winni in welcher Zeit?

Fleißige Maulwürfe

Grabpfötchen, der Maulwurf

Aus einem erdigen Maulwurfshaus
schaut ein pelzig brauner Kopf heraus.
Er gehört Grabpfötchen, der Maulwurfsfrau,
sie buddelt gerade 'nen neuen Bau.
Grabpfötchen liebt das Graben und Wühlen,
die feuchte Erde an der Nase zu fühlen.
Ins Dunkel der Erde verschwindet sie schnell,
hier draußen ist es ihr einfach zu hell!

(Annemarie Stollenwerk)

Gänge graben

Maulwürfe sind unermüdliche Wühler im Dunkel der Erde. Innerhalb kürzester Zeit gelingt es ihnen, eine ganze Wiese zu untergraben und viele Maulwurfshügel aufzuwerfen.

Die Kinder schichten gemeinsam einen großen Erde- oder Sandberg auf. Eventuell müssen sie Wasser hinzufügen, damit der Berg auch wirklich stabil ist. Dann verteilen sie sich um den Berg herum und graben mit ihren Händen Tunnel und Gänge hinein. In der Mitte des Berges sollen sich möglichst viele Gänge treffen. Dann tasten sich die „Maulwurfspfoten" vorsichtig in einem der Gänge vorwärts und versuchen, eine andere „Maulwurfspfote" zu berühren. Wem mag sie wohl gehören?

Maulwurfsball

Wenn Maulwürfe ihre Gänge graben, befördern sie eine große Menge lockere Erde aus ihrem Loch. Wir werfen uns bei diesem Spiel ein Säckchen Erde zu. Dazu werden zwei Mannschaften mit mindestens fünf Kindern gebildet. Das Spielfeld teilen wir in der Mitte mit einer Decke, die wir z. B. zwischen zwei Bäumen spannen. Sie muss bis auf den Boden reichen, damit sich die gegnerischen Maulwürfe nicht sehen können. Dann kann es losgehen. Das Erdesäckchen fliegt hin und her im hohen Bogen über die Decke und die Maulwurfkinder versuchen, es zu fangen. Das ist gar nicht so einfach, wenn sie nicht sehen können, aus welcher Richtung das Säckchen geflogen kommt. Daher müssen die Maulwürfe ihren Wurf ankündigen, indem sie rufen: „Achtung, Erde!" Für jedes gefangene Erdesäckchen gibt es einen Punkt.

Maulwürfe

Man braucht:
- schwarze Wolle
- Holzperlen
- Nadel und Faden
- Filz

Aus der Wolle wird ein lockeres Knäuel gebunden, das Fadenende wird vernäht. Aus dem Filz werden die Pfoten zugeschnitten und dann an den Körper genäht. Eine rosafarbene Perle als Schnauze und zwei schwarze Perlen als Augen annähen.

Man kann auch einen Maulwurf aus Tonkarton ausschneiden und in einen kleinen, mit Erde gefüllten Blumentopf stecken.

Auf Vogels Schwingen

Erster Vogelflug

Es ist Frühling. Die kleinen Vogelkinder blicken neugierig über den Nestrand und erwarten gespannt ihren ersten Vogelflug:
Die Kinder hocken auf dem Boden und spielen Vogelküken. Zunächst sitzen sie ruhig, dann machen sie mit den Flügeln Flatterübungen im Nest.

Dann kann es endlich losgehen. Die Vogelkinder verlassen mit ausgestreckten Flügeln das Nest:
Alle Kinder stehen auf, sie breiten ihre Arme aus und flattern los.
Sie bewegen sich frei durch den Raum.

Zwei Vogelkinder kommen sich zu nahe. Sie berühren sich mit ihren Flügeln und plumpsen auf die Erde:
Immer, wenn sich zwei Kinder berühren, lassen sie sich kurz auf den Boden fallen, stehen sofort wieder auf und fliegen weiter.

Es kommt ein Sommergewitter, die Vogelkinder suchen den Schutz der anderen Vögel:
Alle Kinder fliegen auf eine Bank und rücken eng aneinander.

Das Gewitter ist vorüber, die Sonne scheint wieder und alle Vögel fliegen hoch in die Luft:
Die Kinder laufen auf Zehenspitzen.

Es ist Herbst geworden. Die Vogelkinder sammeln sich und fliegen miteinander in den Süden:
Alle Kinder mit der gleichen Haarfarbe oder mit der gleichen Hosenfarbe finden sich in Gruppen zusammen und fliegen in einer Vogelformation hintereinander her.

Schwingvogel

Man braucht:
- Papprolle
- Wattekugel
- Federn
- Tonkarton

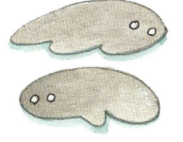

Die Rolle bemalen und die Wattekugel darin festkleben. Die Federn seitlich und hinten an die Rolle kleben. Schnabel und Füße aus Tonkarton ausschneiden und an dem Vogel festkleben.

Flattervogel

Man braucht:
- festen Karton
- Schere
- Locher
- Schnur
- Tonkarton
- Federn
- Holzstab
- Briefklammern

Aus dem Karton die Teile für den Vogel ausschneiden und bemalen. Mit dem Locher Löcher stanzen und alle Teile mit Briefklammern zusammenstecken. Den Holzstab von hinten auf den Vogel kleben und die Schnur wie abgebildet verknoten. Einen Schnabel und Füße aus gelbem Tonkarton ausschneiden und festkleben, die Federn nicht vergessen.

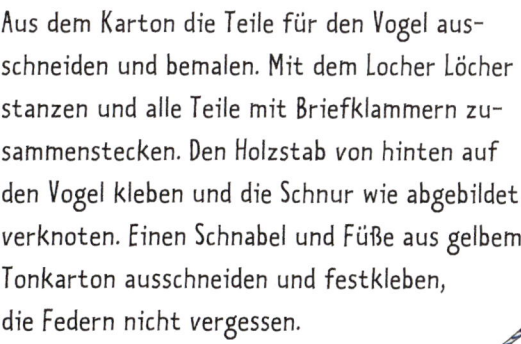

Im Baumhaus

Traumreise

Hoch oben in einer alten Buche haben das Eichhörnchen Nicki und das Wiesel Wolli ein verlassenes Baumhaus entdeckt. Im warmen Sommerwind sitzen sie gerne dort oben, schauen den Wolken zu und träumen verrückte Sommerträume.

Die Kinder setzen sich im Kreis zur Traumreise zusammen. Ein Kind beginnt und sagt z. B.: „Wenn ich im Baumhaus sitze, träume ich von grasgrünen Giraffen." Das nächste Kind wiederholt den verrückten Traum und fügt einen neuen hinzu, z. B.: „Wenn ich im Baumhaus sitze, träume ich von grasgrünen Giraffen und rosaroten Wattewolken." So wird die Traumreise immer länger und länger.

Baumhaus für Zwerge

Man braucht:
- kleinen Pappkarton
- Bindfaden
- Tonpapier
- Zweige
- Korken
- Klebstoff
- Krepppapier

Aus dem kleinen Pappkarton ein Haus basteln und von außen mit Zweigen bekleben. Aus Zweigen und langen Bindfäden eine Leiter zusammenknoten. Zwei Korken mit Mützen und Kleidern aus Krepppapier bekleben und ein Gesicht aufmalen. Die Zwerge in das Baumhaus stellen. Dann einen schönen Platz in einem Baum für das Zwergen-Baumhaus suchen.

Wettklettern

Wenn Nicki und Wolli genug geträumt haben, spielen sie gerne Wettklettern. Wer als erster von unten ins Baumhaus geklettert ist, bekommt einen von den leckeren Zapfen oder Nüssen, die Nicki für das Abendessen gesammelt hat.

Das Wettklettern wird mit zwei Mannschaften gespielt. Aus einem Korb am Boden nehmen sich die Kinder eine Leckerei, z. B. eine Nuss. Nacheinander klettern sie an einer Sprossenwand oder an einem Klettergerüst hinauf und bringen ihre Leckerei in einen weiteren Korb, der oben aufgehängt wird. Welche Mannschaft hat als erste all ihre Leckereien ins Baumhaus gebracht?

Kletterleiter zum Baumhaus

Man braucht:
- Pappe
- Cutter
- Schnur
- Stopfnadel
- Farben
- kleine Wäscheklammern

Aus der Pappe mit dem Cutter ein Haus ausschneiden. Ebenfalls aus der Pappe viele gleich große Sprossen für die Leiter ausschneiden. Zwei Schnüre im Abstand der Sprossenbreite auf den Tisch legen und die Sprossen daraufkleben. Die Leiter mit Hilfe der Stopfnadel an dem Haus befestigen. Auf festes Papier das Wiesel Wolli und das Eichhörnchen Nicki malen, ausschneiden und auf die Klammern kleben. Die Tiere an der Leiter festklammern. Wer mag, kann ein Würfelspiel mit den Figuren spielen. Die gewürfelte Anzahl der Augen darf auf der Leiter emporgeklettert werden. Wer ist zuerst im Baumhaus?

Räuberfest im Wald

Räuberbanden

Die Räuber Hinz und Kunz leben mit ihrer Räuberbande „Die schwarzen Hasen" im Wald. Sie laden alle befreundeten Räuberbanden zu einem Räuberfest in ihren Räuberwald ein: Die „Wilden Messerkerle", die „Schlauen Goldfüchse", die „Starken Stoppelbärte" und die „Spitzen Räuberhüte" haben sich zum Räuberfest bereits angekündigt. Welche Räuberbande gewinnt beim spannenden Räuberwettstreit?

Räubergelage

Zu einem richtigen Räubergelage im Wald gehört ein ordentliches Räuberfeuer. Die Räuberbanden versuchen herauszufinden, welche Mannschaft den höchsten Waldstapel für ein großes Räuberfeuer bauen kann. Dazu errichten alle Räuberbanden in einem Wettspiel einen Waldstapel aus Naturmaterialien. Auf ein Startkommando sammeln alle Kinder Stöcke, Rindenstücke, Zapfen, Zweige, Äste und stapeln sie zu einem Turm auf. Wer hat nach fünf Minuten den höchsten Waldstapel gebaut?

Räuber Hinz

Man braucht:
- 1 Holzstück mit „Nase"
- Jute, Filz
- Klebstoff
- Knete
- Bindfaden
- Webpelz oder Watte

Das Holzstück bekommt Augen, Nase und Mund aus Knete angeklebt. Aus Filz einen Hut ausschneiden und am Holzstück oben festkleben. Haare aus Webpelz oder Watte ankleben und einen Umhang aus Jute mit Bindfaden befestigen.

Holzkegeln

Ein kräftiges Stück Holz wird in diesem Kegelspiel an ein dickes Seil gebunden und so an einem stabilen Ast im Baum befestigt, dass der Holzklotz noch etwa 20 cm über dem Boden schwingen kann. In erreichbarer Nähe des schwingenden Holzes werden dünne Äste in den Waldboden gesteckt oder Tannenzapfen aufgestellt. Abwechselnd versuchen die Räuberbanden möglichst viele Äste oder Zapfen beim Holzkegeln zu treffen.

Kegelfiguren

Man braucht:
- Zapfen
- Knete
- Klebstoff
- Papier
- Goldpapier
- 1 Stück Pappe

Den Zapfen Augen und Münder aus Knete ankleben. Aus Papier Hütchen falten. Dem König eine Krone aus Goldpapier aufsetzen. Dann alle Zapfen-Kegel auf der Pappe aufstellen. Zum besseren Halt unter jeden Zapfen ein Stück Knete kleben.

Lustig ist das Räuberleben

Reisighockey

Ein Hockeyspielfeld mit jeweils einem Tor auf jeder Spielfeldseite wird mit einem Stock auf den Waldboden gezeichnet, die Eckpunkte des Feldes werden mit Steinen markiert. Zwei Räuberbanden finden sich auf den Spielfeldhälften ein und alle Räuber halten einen Tannenzweig als Hockeyschläger in den Händen. Beide Mannschaften versuchen, einen „Zapfenball" mit ihrem Tannenzweig ins gegnerische Tor zu schieben. Wenn ein Tor gefallen ist, bleibt die Siegermannschaft auf dem Feld und die nächste Räuberbande kommt auf das Spielfeld. Nun geht der Kampf um den „Zapfenball" weiter. Die Räuberbande, die kein Tor kassiert, gewinnt das Reisighockey.

Räuberburg im Wald

Man braucht:
- einen Baumstumpf
- Äpfel
- Knete
- Stöckchen
- Blumen
- Blätter

Man baut direkt vor einem Baumstumpf, den man noch mit Stöckchen und Fahnen weiter ausschmücken kann, die schönen Räuberdamen auf. Diese werden aus Äpfeln mit Stöckchen zusammengesteckt. Sie bekommen Hüte aus Blumen und Gesichter aus Knete. Sind die Figuren aufgestellt, kann man mit ihnen spielen. Vielleicht versucht die eine Räuberbande der anderen die Damen zu entführen?

Baumstammstaffel

Für diesen Staffellauf werden kleine Baumstämme ausgesucht, die sich gut über den Boden rollen lassen. Alle Räuberbanden stehen in einer langen Staffel hintereinander. Die ersten Räuber jeder Bande beginnen auf ein Startkommando ihren Baumstamm eine vorher festgelegte Strecke hin und zurück mit den Händen über den Waldboden zu rollen. Dann übernimmt der Zweite jeder Mannschaft den Baumstamm usw. Sobald alle Bandenmitglieder einer Mannschaft den Baumstamm gerollt haben, ist die Staffel beendet und die Siegermannschaft beim Baumstammrollen steht fest.

Räuberkegelbande

Man braucht:
- leere Plastikflaschen
- Zeitungspapier
- Klebstoff oder Kleister
- etwas Sand
- Farben und Pinsel
- Buntpapier, Wolle
- Stoffreste

Aus Zeitungspapier eine Kugel knüllen. Unten etwas Papier überstehen lassen. Das wird der Hals. In Streifen gerissenes Zeitungspapier dick mit Klebstoff bestreichen und um die Kugel kleben, bis ein fester Kopf entsteht. Sand in die Flaschen füllen, dann den Kopf in den Flaschenhals kleben. Die Figuren anmalen und nach dem Trocknen mit Wolle, Papier oder Stoff bekleben. Jede Figur bekommt eine Zahl auf den Bauch gepinselt. Dann werden die Räuber als Kegel aufgestellt und mit Bällen umgekegelt.

Eulen in der Nacht

Eulen fliegen beinahe geräuschlos durch die Nacht. Sie tauchen plötzlich und unerwartet auf und haben schon manchem Nachtwanderer einen Schrecken eingejagt.

Ein Kind spielt die Eule. Es bekommt ein Paar reflektierende Eulenaugen aus Glitzer- oder Alufolie an die Kleidung geheftet. Nun versteckt es sich, ohne von den anderen Kindern gesehen zu werden, entweder bei Dunkelheit im Garten oder in einem abgedunkelten Raum. Hat es ein gutes Eulenversteck gefunden, wartet es leise, ohne sich zu bewegen auf die anderen Kinder, die mit Taschenlampen ausgerüstet eine Wanderung machen. Wer die blitzenden Eulenaugen als Erster im Versteck entdeckt hat, ist in der nächsten Runde die Eule.

Eulenlaterne

Man braucht:
- kleine Milchtüte
- Cutter
- Klebstoff
- Teelicht
- Buntpapier
- Farben
- Draht

Von der Milchtüte oben die Spitze abschneiden, gut mit Wasser ausspülen und dann trocknen lassen. In der Zwischenzeit Papier in Streifen reißen. Seitlich in die Milchtüte Flügel einschneiden und nach vorne klappen. Nun die Eule anmalen und dann die Papierschnipsel als Federn aufkleben. Die Augen ausschneiden und mit gelbem Transparentpapier hinterkleben. Oben durch den Kopf der Eule einen Drahtbügel ziehen. Ein Teelicht in die Eule stellen und in der Dämmerung anzünden.

Glühwürmchentanz

Auf einer Nachtwanderung in den Sommermonaten Juni bis August können die Glühwürmchen im Wald bei ihrem zauberhaften Nachttänzchen beobachtet werden. Einige Leuchtkäferpaare haben ihre eigene „Leuchtsprache", mit der sie sich anblinken und immer wiederfinden.

Die Kinder halten eine Taschenlampe in der Hand und bekommen ins Ohr geflüstert, wie sie gleich im Spiel mit ihrer Taschenlampe blinken sollen. Immer zwei Kinder blinken im gleichen Rhythmus: schnelles An-Aus, langsames An-Aus oder einen runden Lichtkreis. Sechs Kinder legen sich nun mit dem Rücken auf den Boden und leuchten mit ihren Taschenlampen an die Zimmerdecke. Sie beginnen ihren Glühwürmchentanz und versuchen, ihren Leuchtpartner, der die gleiche „Leuchtsprache" blinkt, zu finden. Haben sich alle drei Glühwürmchenpaare gefunden, versuchen die nächsten Glühwürmchen ihr Glück.

Eulen-Maske

Man braucht: • Tonkarton (DIN A2) • Klebstoff • Holzstab

Das Papier aus verschiedenen Grautönen in lange Streifen reißen. Aus dem Tonkarton einen Eulenkopf ausschneiden und Augen und einen Schnabel aus Papier aufkleben. Unten am Kopf die langen Papierstreifen ankleben. Hinten an die Eule einen Stab kleben, an dem man die Eule tragen kann.

Im Wildschweinwald

Wo sind meine Kinder?

Die Wildschweinkinder, Frischlinge genannt, sind sehr neugierig. Im Wald gibt es für sie immer Neues und Aufregendes zu entdecken. Schon haben sie sich weit von ihrer Mutter, der Bache, entfernt. Sie hat ein struppiges, borstiges Fell und sucht laut grunzend nach ihren Kindern.

In einem abgegrenzten Spielfeld verteilen sich die Wildschweinkinder. Ein Kind ist die Wildschweinmutter. In seiner Hand hält es eine borstige Bürste, mit deren Hilfe es die Frischlinge wieder um sich sammeln muss. Wen es mit der Bürste berührt, der ist gefangen und muss sich an der Wildschweinmutter festhalten (an der Hand, an der Schulter etc.). Gemeinsam wird dann der nächste Frischling gejagt. Wer als Letzter gefangen wird, darf in der nächsten Runde die Wildschweinmutter sein.

Baumstamm als Wildschwein

Man braucht:
- eine geeignete Baumwurzel
- Knete
- Gräser

Manchmal findet man im Wald Baumwurzeln, die Ähnlichkeiten mit Tieren haben. Mit ein bisschen Knete und etwas Gras konnte man diesen Baumstamm in ein Wildschwein verwandeln.

Buddeln und Wühlen

Mit ihrer dicken, feuchten Schnauze, die man auch Rüssel nennt, wühlen und graben die Wildschweine im Waldboden nach Eicheln, Beeren, Samen, Wurzeln und Würmern. Auch die Frischlinge mit ihrem gestreiften Fell lernen schnell, wie man an köstliche Leckereien herankommt.

In einem begrenzten Bereich werden in lockerer Erde oder im Sand Zapfen, Kastanien, Eicheln und Bucheckern vergraben. Die Kinder versuchen durch Graben und Wühlen im Boden möglichst viele dieser Leckereien zu finden.

Wildschwein mit Frischlingen

Man braucht:
- 1 Kastanienfrucht
- Streichhölzer
- Knete
- Fruchthüllen von Bucheckern
- 2 Stecknadeln mit Kopf

Aus der Kastanie wird das Wildschwein gebastelt. Es bekommt eine Schnauze aus rosa Knete und vier Streichholzbeine. Die Augen sind zwei Stecknadeln mit Kopf.
Die Frischlinge bestehen einfach aus den Hüllen der Bucheckern. Sie bekommen eine kleine Schnauze aus rosa Knete und Augen aus weißer Knete. Man kann die Frischlinge in ein weiches Bett aus Moos legen.

Im Reich der Wasserkobolde

Bachgold

In den Abendstunden machen die Bachkobolde auf einem gluckernden Bach manchmal eine kleine Bootspartie oder hüpfen zwischen den Bachkieseln herum. Die alten Wasserkobolde erzählen sich, dass man zu dieser Zeit goldene Steine im Bach finden kann.

Die Kinder sammeln im Bach oder am Bachrand viele verschiedene Kieselsteine. Mit einem goldenen, wasserfesten Stift werden drei der Steine markiert, z. B. mit einem Stern. Anschließend werden die Steine in einem festgelegten Bereich im Bach verteilt. Die Kinder gehen gemeinsam los und versuchen, das Bachgold zu finden. Wer einen goldenen Stein gefunden hat, bringt ihn ans Bachufer. Sind alle drei Steine entdeckt, machen sich die Wasserkobolde auf zu einer neuen Suchrunde.

Wasserkobolde

Man braucht:

- 1 Stück Baumrinde
- Korken
- Filz, Krepppapier
- Klebstoff
- Holzstäbchen
- goldene Steine

Aus den Korken die Zwerge basteln. Sie haben Kleider aus Filz und Mützen aus Krepppapier. Seitlich Arme aus Streichhölzern ankleben. Die Zwerge auf der Baumrinde festkleben und das Boot mit goldenen Steinen beladen.

Wie sich Wassertiere bewegen

Die Wasserkobolde haben die kleinen und großen Tiere am Bach genau beobachtet. Im Spiel ahmen sie die verschiedenen Tiere mit einer bestimmten Bewegung nach. Viel Spaß macht es den Wasserkobolden aber auch, sich eigene lustige Tiere auszudenken.

- Rückenschwimmer: Arme rückwärts kreisen und dabei gehen.
- Wasserläufer: Auf Zehenspitzen gehen.
- Taumelkäfer: In Schlangenlinien laufen.
- Bachstelze: Die Hände auf den Rücken halten und beim Gehen auf und ab wippen lassen.
- Wellenwusel: Mit den Händen Wellenlinien in die Luft zeichnen.
- Schlürfschnecke: Auf dem Boden kriechen und laut schlürfen.
- Schlammwühler: Mit Händen und Füßen im „Schlamm" wühlen.
- Blattdreher: Sich schnell im Kreis drehen.

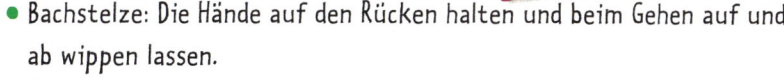
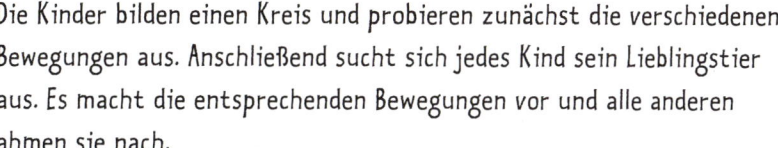

Die Kinder bilden einen Kreis und probieren zunächst die verschiedenen Bewegungen aus. Anschließend sucht sich jedes Kind sein Lieblingstier aus. Es macht die entsprechenden Bewegungen vor und alle anderen ahmen sie nach.

Gut getarnt ist gut versteckt!

Rätselgedicht

Auf unsrer Wiese hinterm Haus
quakt und quäkt's tagein, tagaus.
Wer hat sich hier im Gras versteckt?
Mein Auge hat noch nichts entdeckt.
Im grünen Gras quakt's unsichtbar?
Das gibt es nicht, das ist doch klar.
Sag', welches Tier kann grün nur sein,
hat Angst vorm Storch und macht sich klein?
(Laubfrosch)

(Regina Bestle-Körfer)

Milchtüten – Frösche

Man braucht:

- kleine leere Milchtüten
- wasserfeste Farben
- je 2 dicke gelbe Perlen
- grüne Folie
- Klebstoff

Milchtüten gut ausspülen, bemalen und dann trocknen lassen. Aus der Folie Beine ausschneiden und unter die Milchtüte kleben. Die Perlen als Augen aufkleben und die Frösche schwimmen lassen.

Filz-Frosch

Man braucht: • Filz • Nadel • Klebstoff • Faden

Zwei Filzstücke übereinander legen, oben etwas rund zuschneiden und dann so zusammennähen, dass unten noch eine Hand hineinpasst. Augen, Mund und Krone auch aus Filz zuschneiden und an den Frosch kleben.

Walnuss-Frösche

Man braucht: • Walnusshälften • Farben • Perlen
  • Klebstoff • Moosgummi

Die Walnusshälften grün bemalen. Aus Moosgummi Beine ausschneiden und unter die Nusshälften kleben. Je zwei Perlen als Augen aufkleben und dann die Frösche in der grünen Rätsellandschaft verstecken.

Grüne Rätsellandschaft

Seine grüne Farbe hilft dem Laubfrosch, so unauffällig wie möglich im grünen Gras und im Schilf zu sitzen. So tarnt er sich und ist vor Feinden geschützt.

Die Kinder bauen in einer Kiste eine grüne Landschaft, mit der sie einen Ratewettbewerb spielen können. Dazu legen sie grünes Gras, grüne Blätter, grünes Moos und grüne Tannennadeln in ihre Kiste hinein. Sie bestücken die Kiste außerdem mit kleinen, grünblättrigen Zweigen, grünen Früchten, grünen Murmeln u. Ä., bis ein geheimnisvoller, vielfältiger Urwald daraus geworden ist. In diesem Urwald ist alles Grüne gut getarnt. Dann werden viele grüne Frösche gebastelt und in die Rätsellandschaft gesetzt. Wie viele Frösche haben sich im Urwald versteckt? Wer wird Rätselkönig?

Am Wasserfall

Wasserrauschen

Die Wassertropfen Plitsch und Plumps haben sich für ihre Reise im tosenden Wasserfall eine Zeichensprache ausgedacht.

Die Kinder finden sich zu zweit zusammen. Mit etwas Abstand setzen sie sich mit dem Rücken zueinander auf den Boden. Beide erhalten Klanghölzer. Ein weiteres Kind spielt den Wasserfall und schüttet mit einer Gießkanne langsam Wasser in einen Eimer. Während der Wasserfall rauscht, schlägt ein Kind mit den Klanghölzern einen Rhythmus vor. Im Rauschen des Wassers versucht das andere Kind, den Rhythmus zu hören und nachzuspielen.

Milchtüten-Wasserfall

Man braucht:
- 3-6 leere große Milchtüten
- wasserfeste Farbe
- Klebstoff

Die Milchtüten werden so, wie es auf der Zeichnung zu sehen ist, aufgeschnitten und dann aneinander geklebt. Der Wasserfall wird blau angemalt und im Sandkasten aufgebaut. Nun wird Wasser mit der Gießkanne von oben in den Wasserlauf gegossen.

Unterm Wasserbogen

Die Gischt eines Wasserfalls spritzt in tausend feinen, kleinen Tropfen umher und ist an einem heißen Sommertag sehr erfrischend. Ausgelassen hüpfen Plitsch und Plumps mit ihren Tropfenfreunden umher.

Mit einem Gartenschlauch wird an einem heißen, sonnigen Tag ein fein sprühender oder prasselnder Wasserbogen erzeugt. Nacheinander laufen die Kinder unterm Wasserbogen hindurch und erfüllen kleine Aufgaben:

- Auf allen vieren krabbeln.
- Auf einem Seil balancieren, das auf dem Boden ausgelegt ist.
- Einen Softball auf einem Becher tragen, ohne dass er zu Boden fällt.
- In einem Becher etwas „Wasserfallwasser" auffangen.

Auf welche Weise kann man noch unter dem Wasserbogen hindurchgehen?

Wasserrad

Man braucht:
- 2 Leisten, ca. 50 cm lang
- 1 Styroporkugel
- Farben
- 6-8 Plastiklöffel
- 1 Holzstäbchen
- Holzbohrer

Zuerst werden die Leisten und die Styroporkugel angemalt. Nach dem Trocknen die Plastiklöffel in die Kugel stecken. Durch die Mitte der Kugel das Holzstäbchen stecken. In die oberen Enden der Leisten je ein Loch bohren. Durch die Löcher die Enden des Holzstäbchens stecken, sodass sich die Kugel mit den Löffeln noch gut drehen kann. In den Sand stecken und langsam Wasser von oben auf die Plasiklöffel gießen, bis das Rad anfängt, sich zu drehen.

Wassermanns nasse Spiele

Volle Pulle

Die Kinder stellen 12 bis 15 Plastikflaschen in einem Viereck oder Kreis auf. Eine der Flaschen wird zur Hälfte mit Wasser gefüllt. Nacheinander versuchen die Kinder nun, mit kleinen Wasserbomben die Flaschen so umzuwerfen, dass nur die mit Wasser gefüllte Flasche stehen bleibt. Wer ist der geschickteste Flaschenkegler? In der nächsten Spielrunde versuchen die Kinder, mit den Wasserbomben nur die gefüllte Flasche zu treffen.

Wasser-Abfahrtslauf

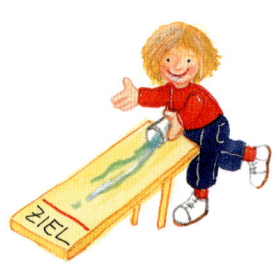

Auf einem schrägen Brett werden eine Start- und eine Ziellinie mit einem dicken Kreidestrich markiert. Die Kinder bilden nun Paare. Jeder Abfahrtsläufer bekommt einen Becher mit Wasser. Auf Kommando schütten immer zwei Kinder ihren Becher aus und verfolgen, welches Rinnsal als Erstes über die Ziellinie fließt. Die Sieger aus jedem Paar treten in einer neuen Spielrunde gegeneinander an.

König der Wassermänner

Man braucht:
- 1 Holzstückchen
- Gras oder Schilf
- Nagel
- Kreppppapier
- Bindfaden
- Streichhölzer
- Glitzerfolie
- Klebstoff

Grashalme auf eine Länge zuschneiden und daraus ein Grasboot binden. Ein Holzstückchen suchen, das ein „Profil" hat und wie eine kleine sitzende Figur aussieht. Dieses Holzstück mit Kreppapier bekleiden und mit einer Krone aus Glitzerpapier schmücken. Unten in das Holzstück einen Nagel stecken und diesen durch das Grasboot stecken, bis der König gut auf dem Boot sitzt. Streichholzarme ankleben und das Boot schwimmen lassen.

Wassermusik

Die Wassermann-Kinder spielen auf Wasserinstrumenten eine fröhliche, spritzige Wassermusik.

- Die Kinder füllen viele Wasserflaschen verschieden hoch mit Wasser. Über die Flaschenöffnung blasen sie nun kräftig hinweg und erzeugen so je nach Füllmenge unterschiedlich hohe Töne.
- Große Konservendosen werden zur Hälfte mit Wasser gefüllt. Mit einem Metalllöffel rühren die Kinder im Wasser herum. Es entstehen metallisch klappernde Wassertöne.
- Aus Sprühflaschen spritzen die Kinder in einem vorher überlegten Rhythmus gemeinsam Wasser in die Luft.

Libelle

Man braucht:
- Moosgummi
- Klebstoff
- Farben
- 6 lange Holzstäbchen
- Klarsichtfolie oder Tüll
- Wattekugel

Die Wattekugel in die Papprolle kleben und alles anmalen. Die 6 Holzstäbchen grün anmalen und als Beine in die Papprolle stecken. Folie und Tüll zuschneiden und als Flügel an die Papprolle kleben. Ein Blatt aus Moosgummi ausschneiden, die Libelle darauf stellen und schwimmen lassen.

Am Ende des Regenbogens

Wer errät das letzte Wort?

Wenn am Tag die Sonne scheint
und eine Regenwolke weint
gibt's am Himmel ungelogen
einen bunten ...
(Regenbogen)

Regenbogenrutsche

Viele schöne Geschichten beschreiben das Naturwunder eines Regenbogens. Die Erzählung von den goldenen Himmelsschlüsseln der Engel am Ende des Regenbogens ist vielleicht die bekannteste: Am Tag des Regenbogens sitzen die Engelkinder aufgeregt vor dem Himmelstor und freuen sich auf die Regenbogenrutsche zur Erde. Wenn die Farben der Himmelsbrücke getrocknet sind, kann es endlich losgehen. Die Engelkinder rutschen mit viel Schwung den Regenbogen hinab zur Erde. Dabei passiert es immer wieder, dass ein Engelkind seinen goldenen Himmelsschlüssel verliert.

Die Kinder basteln für dieses Spiel goldene Himmelsschlüssel. Ein Kind versteckt, unbeobachtet von den anderen, einige goldene Schlüssel draußen im Gras, unter einem Blatt, im Moos usw. Dann laufen die anderen Kinder los und versuchen, alle verlorenen goldenen Schlüssel der Engel am Ende des Regenbogens zu finden. Wenn zufällig ein echter Regenbogen am Himmel steht, wird dieses Spiel ein unvergessliches Ereignis.

Regenbogenmaler

Es regnet und die Sonne bricht durch die dunkle Wolkendecke hindurch – höchste Zeit für den Himmelsmaler Sausebraus, seinen Regenbogen an den Himmel zu malen! Doch, o Schreck, Sausebraus hat seine Luftpinsel verloren. Verzweifelt bittet er die Engelkinder um Hilfe. Die Engel ziehen ihre Engelschuhe aus und treten mit nackten Füßen in Sausebraus' Farbtöpfe. Mit roten, orangen, gelben, grünen, blauen und lila Füßen laufen sie hinter Sausebraus her und malen einen Regenbogen an den Himmel.

Für dieses Regenbogenmalspiel werden lange Tapetenbahnen aneinander geklebt und der Umriss eines Regenbogens darauf gemalt. Die Kinder laufen mit farbigen Füßen (immer nur eine Farbe für jede Spur) über die am Boden liegende Tapete mit dem Regenbogenumriss.

Regenbogen-Fee

Man braucht:
- Kaffeefiltertüten
- 2 Holzstäbchen
- Wattekugel
- Tuschkasten
- Bunt- und Goldpapier
- Engelshaar

Die Filtertüte wird einmal mit einem Pinsel nass gemacht und dann in den Regenbogenfarben bemalt. Nach dem Trocknen ein Holzstäbchen von unten durch die Tüte stecken und oben die Wattekugel darauf stecken. Das andere Stäbchen oben quer durch die Tüte stecken und an eine Seite die Sonne, an die andere die Wolke kleben.

Am Meer

Wo ist das Meer?

Die Strandschnecke Susi hat sich bei Ebbe im Sand zum Schlafen eingebuddelt. Als sie erwacht, ist sie sehr hungrig. Aber wo ist das Meer mit dem schmackhaften Algengemüse? Ihre Freundin, die Sonne, zeigt ihr mit ihren Strahlen den Weg zum Meer. Langsam macht sich Susi auf den weiten Weg. Alle Strandschnecken orientieren sich bei ihren Nahrungsgängen nach der Sonne.

Die Kinder bilden Paare. Ein Kind spielt die Strandschnecke Susi. Es sucht sich im Sand ein Schneckengehäuse aus, das es zum Meer tragen muss. Das andere Kind ist die Sonne und darf den Weg zum Meer bestimmen. Das Schneckenkind folgt dem Sonnenkind auf Schritt und Tritt. Es dürfen auch Umwege gegangen und Hindernisse überwunden werden. Sind die beiden am Meer angekommen, werden die Rollen getauscht.

Angelspiel

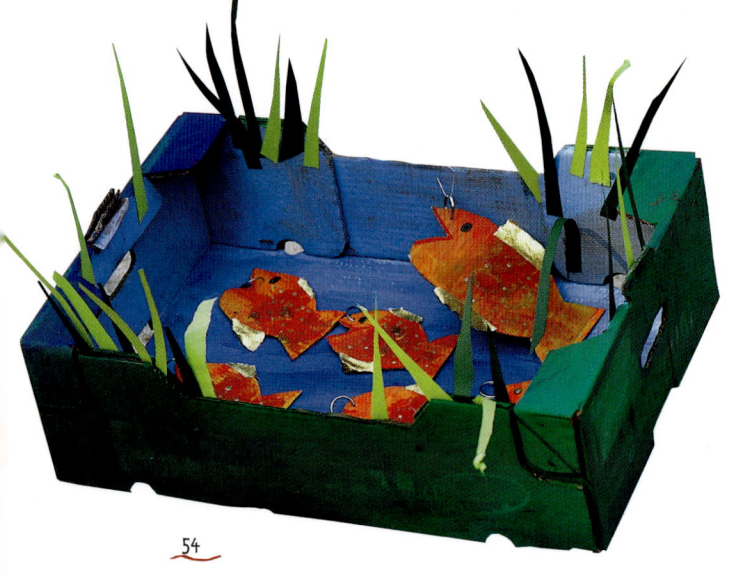

Man braucht:
- Obstkiste
- Farben
- Stock
- Büroklammer
- Pappe
- Buntpapier
- Metallringe
- Schnur

Die Fische aus Pappe ausschneiden, bemalen und bekleben. Jeweils einen Metallring am Fischmaul befestigen. Alle Fische in die bemalte Obstkiste legen. Eine Angel aus einem Stock, einer Schnur und einer Büroklammer basteln und die Fische damit fangen.

Treibholzboot

Man braucht:
- Treibholz
- Papiertaschentuch
- Spielfiguren

Ein Stück Treibholz bekommt ein Segel aus einem Papiertaschentuch und geht mit gebastelten Spielfiguren auf eine große Reise.

Krebsstaffellauf

Familie Strandkrabbe und Familie Strandfloh leben auf einem Wellenbrecher im Meer. Jedes Mal, wenn das Meerwasser sich für sechs Stunden zurückzieht, nimmt es die vielen Fische mit, die Familie Strandkrabbe und Familie Strandfloh gerne essen. Daher gibt es immer Streit zwischen den beiden Krebsfamilien, wer die meisten Fische abbekommt.

Für dieses Wettspiel werden zwei Mannschaften gebildet, die sich hintereinander in einer Reihe aufstellen. Die Mannschaften von Familie Strandkrabbe und Familie Strandfloh versuchen so schnell wie möglich mit ihren scharfen Zangen viele Fische aus dem „Meer" zu fangen. Das erste Kind jeder Mannschaft nimmt auf ein Startkommando eine Zange in die Hände und läuft damit im Seitwärtslauf zu einem Eimer, in dem Fische aus Moosgummi schwimmen. Es greift mit der Zange einen Fisch und trägt ihn auf dem schnellsten Weg zurück zur eigenen Mannschaft. Dort lässt es den Fisch in einen Eimer fallen und übergibt die Zange an das nächste Kind. Welche Krebsfamilie fischt innerhalb von drei Minuten die meisten Fische aus dem Meer?

Sandkastenparty

Sandflöhe

Die Sandflöhe wollen eine lustige Sandkasten-Sommerparty feiern und laden alle begeisterten Sandkastenbuddler, Sandkuchenbäcker und Sandburgenbauer in ihren Sandkasten ein. Die Sandflöhe haben sich allerlei Sandkastenspiele, Rätsel und sandige Erlebnisse für Hände und Füße ausgedacht. Sie wollen ihre Gäste mit leckerem Sandkuchen verwöhnen und verschicken an jeden Partygast eine sandige Einladungskarte:

Einladungskarte

Herzliche Einladung zur Sandkasten-Sommerparty! Eure Sandflöhe

Man braucht:
- festes Papier
- Folie
- Sand
- Farben
- Stempelkasten
- Klebestreifen

Aus Papier eine Karte zuschneiden und einen Hintergrund malen. Einen Einladungstext darauf schreiben oder stempeln. Die Karte mit Folie überziehen und an drei Seiten an den Rändern mit Klebestreifen zukleben. Etwas Sand in die Karte füllen und dann die vierte Seite zukleben. Zum Lesen der Einladung muss man den Sand etwas hin und her schütteln.

Spurenraten

Die Sandflöhe haben seltsame Spuren in den Sand gehüpft und laden alle Besucher zu einem lustigen Ratespiel ein.

Für dieses Spiel werden Schuhkartons mit Sand gefüllt. Die Sandflöhe haben z. B. eine Sonne, eine Blume, einen Schmetterling, eine Schnecke oder einen Stern in den Sand gehüpft. Die Rätselkartons werden zum Spurenraten in Abständen von zwei Metern hinter einer Startlinie aufgestellt. Die Mitspieler versuchen herauszufinden, um welche Spurenmuster es sich handelt. Wer sich alle Spuren im Sand merken konnte und alle richtig errät, erhält einen Preis.

Windmühlen im Sand

Man braucht:
- Haushaltsrollen
- Klebstoff
- weißes und farbiges Papier
- Holzperlen
- Stecknadeln

Die Rollen mit weißem Papier bekleben. Für die Dächer Dreiviertelkreise ausschneiden und an den geraden Kanten zusammenkleben. Die Dächer auf die Rollen kleben. Quadrate aus farbigem Papier ausschneiden. Von den vier Ecken aus zur Mitte hin diagonal einschneiden. Dann die Papierspitzen zur Mitte hin falten und mit einer Stecknadel befestigen. Von hinten eine kleine Holzperle auf die Stecknadel schieben, die Nadel in die Rolle stecken und von innen eine Holzperle auf die Stecknadelspitze stecken. Eventuell kleben, damit sie nicht abrutscht.

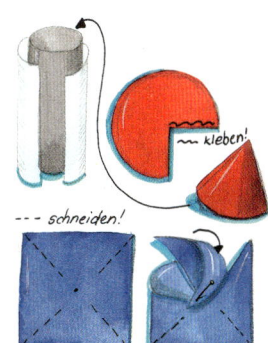

kleben!

--- schneiden!

Braune Erde

Erde-Wühler

Es ist Herbst geworden. Bauer Waldmann fährt mit seinem Traktor hinaus, um seine Kornfelder umzupflügen und auf den Winter vorzubereiten.

Alle Kinder versammeln sich um ein Gartenbeet oder um eine große Wanne voller Erde. Mit ihren Händen spielen sie nach, wie Bauer Waldmann sein Feld bearbeitet:

Heute muss Bauer Waldmann aufs Feld.

Er will seinen Acker umgraben (mit allen Fingern in der Erde wühlen und graben).

Die dicken Erdschollen muss er fein hacken (die Erde zwischen den Fingern zerkrümeln).

Dann zieht er Furchen, um Winterweizen zu säen (Linien ziehen und Samen ausstreuen).

Anschließend klopft er den Boden fest (mit den Händen die Erde festklopfen).

Am Abend fällt Regen auf das beackerte Feld (die Finger spielen Regentropfen).

Bauer Waldmann freut sich (die Hände aneinander reiben).

Jetzt muss er warten, bis die ersten Halme sprießen.

Rüben ziehen

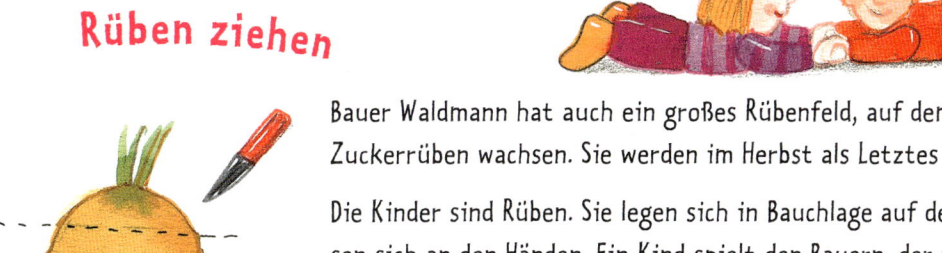

Bauer Waldmann hat auch ein großes Rübenfeld, auf dem knubbelige Zuckerrüben wachsen. Sie werden im Herbst als Letztes geerntet.

Die Kinder sind Rüben. Sie legen sich in Bauchlage auf den Boden und fassen sich an den Händen. Ein Kind spielt den Bauern, der versucht, die Rüben an den Füßen aus dem Kreis zu ziehen. Die Rüben halten sich so gut es geht an den Händen fest. Wird eine Hand losgelassen, bleibt sie gelöst. Jede Rübe, die der Bauer aus dem Kreis ziehen kann, verwandelt sich in einen Bauern und hilft beim Rübenziehen.

Bauer Waldmann

Man braucht:

- 2 leere Schachteln
- Klebstoff
- Briefklammern
- Tonkarton
- Schere
- Farben

Die Schachteln aufeinander kleben und bemalen. Aus Tonkarton Räder ausschneiden und mit Briefklammern befestigen. Den Bauern kann man auf Zeichenpapier malen, ausschneiden und in den Traktor kleben.

Goldgelber Mais

Maisstaffel

In einem Maisfeld treffen sich jeden Tag die Kaninchenfreunde Mümmel, Schnuffel, Lucky und Moppel. Ausgelassen hoppeln und jagen sie zwischen den hohen Maisstängeln umher und denken sich immer neue Spiele aus.

Gemeinsam wird ein Spielfeld festgelegt, in dem Steine und Stöcke verteilt werden. Die Kinder laufen wie Kaninchen um diese Hindernisse herum bzw. hüpfen darüber. Dann bilden sie zwei Mannschaften und legen zwei parallele Hindernisparcours. Jede Mannschaft bekommt einen Maiskolben als Staffelholz. Auf das Startsignal hin hoppeln, hüpfen oder rennen die ersten beiden Kinder jeder Mannschaft über den Parcours, wenden und überreichen dann den Maiskolben dem nächsten Mitspieler. Welche Kaninchenmannschaft ist am schnellsten?

Maisflitzer

Man braucht:

- 1 Maiskolben
- Buntpapier
- Klebstoff
- große, rote Knöpfe
- Wattekugel

Die Knöpfe an dem Maiskolben festkleben. Aus der Wattekugel einen Kopf mit Hut basteln und ebenfalls festkleben. Zum Schluss Arme und eine Windschutzscheibe aus Tonkarton ausschneiden und ankleben.

Maiskolben schälen

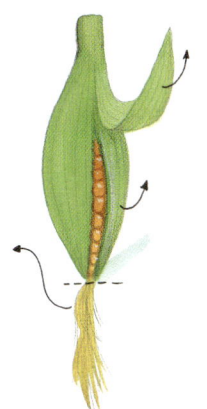

Die Kaninchenfreunde stärken sich mit den goldgelben Maiskolben, die im Feld herumliegen. Die köstlichen Maiskörner sind aber manchmal noch unter einer Schicht strohiger Maisblätter verborgen, die erst abgeschält werden müssen.

Auf dem Markt oder direkt vom Bauern werden Maiskolben besorgt, die noch fest vom Maisstroh umschlossen sind. Die Kinder bilden zwei Gruppen, die um die Wette das Maisstroh abschälen, um an die leckeren Maiskörner zu gelangen. Welche Gruppe ist zuerst mit dem Schälen fertig? Wenn das Spiel mit Zuckermaiskolben gespielt wird, können die Kinder anschließend die Kolben in Salzwasser kochen und die süßen Körner abknabbern.

Kaninchen

Man braucht:
- 1 leere Klorolle
- Buntpapier
- Karton
- Klebstoff

Auf den Karton werden Kaninchenkopf, Arme und Beine aufgezeichnet und dann ausgeschnitten. Alle Teile werden an der Klorolle festgeklebt. Die Kleider des Kaninchens aus Buntpapier ausschneiden und festkleben. Zwei weiße Nagezähne nicht vergessen.

Hamster auf dem Feld

Hamstern

Die Hamsterfamilie auf dem Kornfeld bereitet sich auf einen harten Winter vor. Alle füllen unermüdlich ihre Backentaschen mit Körnern, die sie in die Vorratskammer ihres Baus tragen. In den Backentaschen eines Feldhamsters ist Platz für eine Körnermenge so groß wie ein Hühnerei!

Die Kinder bilden zwei Mannschaften. Vor jeder Mannschaft steht in einem Gymnastikreifen eine Schüssel mit Getreidekörnern, ein Esslöffel und kleine Butterbrottüten bereit. Auf ein Zeichen hin laufen die ersten beiden Hamsterkinder los und füllen in die Tüte drei Esslöffel Getreidekörner. Anschließend tragen sie die Tüte mit dem Mund in ihren Bau, einen Reifen am Ende des Spielfeldes. Dort werden die Körner ausgeschüttet und schnell geht es zurück zum nächsten Hamsterkind. Welche Hamsterfamilie hat zuerst ihren Wintervorrat in den Bau geschafft?

Maisfiguren

Man braucht:
- Maiskolben
- Beeren
- Stecknadeln
- Hagebutten

Die Maisblätter werden nach unten geklappt, dann bleibt die Frucht auch gut stehen. Der Mais bekommt Gesichter aus Beeren und Hagebutten, die am besten mit Stecknadeln festgesteckt werden.

Wo ist was versteckt?

Der Hamstervater ist gerade in den Bau gekommen und erzählt ganz aufgeregt, dass er unterwegs köstliche Leckereien gesehen hat. Doch leider kann er sich nicht mehr so genau an die Stelle auf dem Feld erinnern. Also laufen alle Hamster los, um gemeinsam zu suchen.

Im Spielfeld werden 5 bis 6 Sandeimer oder Blumentöpfe verteilt. Unter den Töpfen liegen z. B. Nüsse, Weizenkörner, Mais, ein Apfel, eine Birne. Alle Hamsterkinder laufen umher, schauen unter die Töpfe und versuchen sich zu merken, was dort verborgen ist. Dann beginnt das Spiel. Beim Kommando „Apfel!" laufen sie zu dem Topf, unter dem sie den Apfel vermuten. Haben alle Hamsterkinder ihre Wahl getroffen, wird nachgeschaut, ob es der richtige Topf ist.

Hungriger Hamster

Man braucht:
- 1 Klorolle
- Schere
- Farben
- festes Papier
- Klebstoff
- Maiskörner

Auf Papier einen Hamsterkopf mit Füßen aufmalen und dann ausschneiden. Ein großes offenes Maul nicht vergessen. Den Kopf auf eine Klorolle kleben. Die Figur in einiger Entfernung aufstellen und mit Maiskörnern in das Hamstermaul zielen. Wer hat die meisten Treffer?

Leuchtend organge Kürbisse

Kürbisse schleppen

Die Halloweenhexe Kassandra hat im Gemüseladen leuchtend orangefarbene Kürbisse gekauft. Die sind aber so riesig und so schwer, dass sie sie nicht alleine tragen kann. Zum Glück kommen ihr kleine und große Hexen zu Hilfe und mit vereinten Kräften schleppen sie die Kürbisse zum Hexenhaus.

Die Kinder bilden zwei Gruppen mit mindestens vier Mitspielern. Jede Gruppe bekommt ein großes Handtuch. Auf diesem Handtuch muss nun ein dicker Kürbis über einen Parcours ins Ziel getragen werden. Auf dem Parcours werden kleine Aufgaben gelöst, z. B. mit dem Kürbis rückwärts gehen, über einen kleinen Hocker steigen, unter einer Stange durchlaufen usw. Dabei darf der Kürbis natürlich nicht vom Handtuch herunterfallen. Welche Gruppe hat ihren Kürbis als Erste zum Hexenhaus geschleppt?

Kürbisfiguren

Man braucht:
- kleine oder große Kürbisse
- Messer
- Zahnstocher

In die kleinen Kürbisse lassen sich mit einem Messer lustige Gesichter schnitzen. Außerdem kann man einige kleine Kürbisse zu einer witzigen Figur zusammenstecken.
Die großen Kürbisse lassen sich gut aushöhlen; Mund, Nase und Augen leuchten im Dunkeln, wenn die Kürbisse mit Teelichten beleuchtet werden.

Kürbiskern-Flitschen

Im Inneren eines Kürbisses stecken unzählige helle oder dunkle Kürbiskerne. Lässt man die Kerne trocknen, eignen sie sich gut zum Spielen und Basteln. Kassandra sitzt mit ihren Hexenfreundinnen am warmen Feuer und spielt Kürbiskern-Flitschen.

Auf einen Bogen Papier oder auf den Boden wird eine Zielscheibe gemalt. In den mittleren Kreis wird die höchste Punktzahl geschrieben, nach außen hin nimmt die Punktzahl ab. Einige Kinder setzen sich um die Kreise herum. Jedes Kind erhält 5 bis 10 Kürbiskerne. Um sie besser auseinander halten zu können, werden sie mit verschiedenfarbigen Filzstiftpunkten markiert. Der erste Spieler flitscht mit dem Zeigefinger seinen Kern übers Papier. Haben alle Spieler ihre Kerne geflitscht, werden die Punkte zusammengezählt. Wer ist Kürbiskern-Flitsch-Meister geworden?

Zu Gast beim Kartoffelkönig

Kartoffelfest

Die Bauern haben sich zu einem Kartoffelfest auf dem Feld versammelt. Sie wollen miteinander Kartoffeln ernten, lustige Kartoffelspiele spielen, Leckeres aus Kartoffeln zubereiten und miteinander verspeisen. In einem Kartoffelwettstreit wollen sie herausfinden, wer im Umgang mit den braunen Knollen am geschicktesten ist. Wer wird Kartoffelkönig und Kartoffelkönigin?

Kartoffelernte

Dieses Erntespiel kann draußen oder drinnen gespielt werden. In der Kreismitte liegt ein Haufen Kartoffeln, daneben eine Gärtnerschürze, ein Paar Gartenhandschuhe, ein Hut und eine Schaufel. Die Kinder stehen im Kreis um die Kartoffeln herum, jedes hat einen Eimer vor sich. Auf ein Startkommando wird der Reihe nach mit einem großen Schaumstoffwürfel gewürfelt. Wer eine Sechs gewürfelt hat, darf mit der Kartoffelernte beginnen. Bevor die Kartoffeln mit der Schaufel einzeln in den Eimer gehoben werden, muss jedoch die Gartenausrüstung übergezogen werden. Es darf so lange geschaufelt und geerntet werden, bis das nächste Kind eine Sechs gewürfelt hat. Dann wird die Gartenausrüstung schnell ausgezogen und weitergegeben, damit das Kind ebenfalls sein Ernteglück versuchen kann. Das Erntespiel ist zu Ende, wenn der Kartoffelberg abgetragen ist. Die Kartoffeln in jedem Eimer werden gezählt.

Kartoffelsuppe

Die Bäuerin hat einen riesigen Topf Kartoffelsuppe für die fleißigen Bauern und Erntehelfer gekocht. Dies ist ihr Geheimrezept: Vier dicke Kartoffeln, drei Möhren, zwei Stangen Lauch, zwei Zwiebeln, zwei Knollen Sellerie, zwei Prisen Salz, zwei Pfefferkörner, zwei Zweige Petersilie und zwei Liter Wasser werden in einem Topf gekocht.

Für dieses Kartoffelsuppenspiel stellt jedes Kind eine der genannten Suppenzutaten dar. Alle Kinder sitzen im Stuhlkreis, nur die Bäuerin hat keinen Platz. Sie steht mit einem Kochlöffel in der Kreismitte. Sie ruft eine oder zwei der verteilten Zutaten auf. Die aufgerufenen Suppenkinder wechseln schnell ihre Plätze und die Bäuerin versucht, einen freien Stuhl zu erwischen. Ruft die Bäuerin laut „Kartoffelsuppe", tauschen alle Suppenkinder ihre Plätze. Das gibt ein wildes und lustiges Gerangel im Suppentopf!

Kartoffelfiguren

Man braucht:
- Kartoffeln
- Zahnstocher
- Farben
- Stecknadeln
- Erdnüsse
- Messer

Aus Kartoffeln kann man je nach Form oder Größe die unterschiedlichsten Figuren basteln. Ein Rennauto mit Rädern aus Kartoffelscheiben, eine Giraffe mit Erdnusskopf oder ein Fantasie-Kartoffeltier, auf dem ein Erdnusszwerg reitet.

Kartoffelfest

Kartoffelwettstreit

Es werden mehrere Kartoffelstationen aufgebaut; jedes Kind bekommt eine Kartoffellaufkarte umgehängt und sammelt Kartoffelpunkte.

- In einem Erntesack mit verschiedenen Früchten und Gemüsesorten liegt auch eine Kartoffel. Sie muss durch Tasten und Fühlen erkannt und herausgeholt werden. Wer das schafft, bekommt einen Kartoffelpunkt.

- Beim Kartoffelwettlauf bekommen zwei Kinder je einen Esslöffel mit einer Kartoffel und müssen ihn um einen Flaschenparcours balancieren. Wer mit der Kartoffel auf dem Löffel im Ziel ankommt, bekommt einen Kartoffelpunkt.

- Mit einer Kartoffel zwischen die Stirn geklemmt, müssen jeweils zwei Kinder einige Hindernisse überwinden, über Stöcke steigen, unter einer gespannten Schnur hindurchgehen usw. Wenn sie die Kartoffel nicht verlieren, bekommen beide einen Kartoffelpunkt.

- Aus einer großen Wanne mit Erde muss eine Kartoffel mit den Händen ausgebuddelt werden, um einen weiteren Kartoffelpunkt zu bekommen.

- Schließlich bastelt jedes Kind einen Kartoffelkönig und bekommt den letzten Kartoffelpunkt auf der Kartoffellaufkarte.

Zum Schluss werden alle Kinder mit einem Kartoffelorden geehrt.

Kartoffelkönig

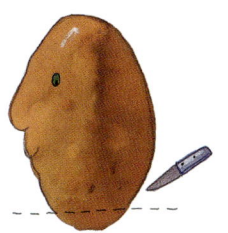

Der Kartoffelkönig verschenkt nach der Ernte eine vergoldete Kartoffel an den tüchtigsten Bauern. Doch Vorsicht! Kartoffeldiebe lauern überall!

Für dieses Stillespiel wird eine kleine Kartoffel in Goldpapier eingewickelt. Die Kinder sitzen im Kreis, formen beide Hände zu einer Höhle, die sie erwartungsvoll in die Mitte halten. Der Kartoffelkönig hält die goldene Kartoffel in seiner Hand versteckt und tut so, als ob er sie jedem Kind in die Hände gleiten lässt. In der Kreismitte lauert der Kartoffeldieb und versucht zu erraten, wer die goldene Kartoffel tatsächlich bekommen hat. Rät er richtig, ist er in der nächsten Runde der Kartoffelkönig.

Kartoffelkönig

Man braucht:
- Kartoffeln
- Krepppapier
- Messer
- Streichhölzer
- Perlen
- Goldfolie

Eine große Kartoffel wird das Gesicht. Mit dem Messer einen Mund einschneiden. Zwei Kartoffelhälften mit Streichhölzern an der großen Kartoffel befestigen. Aus Krepppapier Kleider zurechtschneiden und festkleben. Streichholzarme hineinstecken. Eine Perlennase ankleben und die Krone aus Goldfolie nicht vergessen.

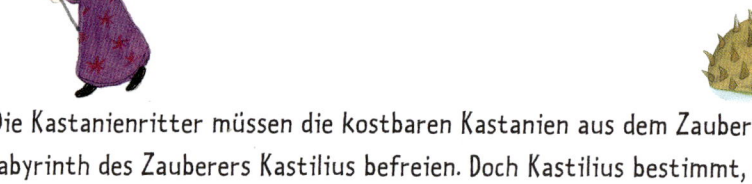

Stachelige Kugeln: Kastanien

Zauberlabyrinth

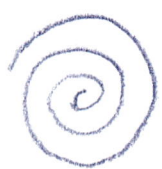

Die Kastanienritter müssen die kostbaren Kastanien aus dem Zauber-labyrinth des Zauberers Kastilius befreien. Doch Kastilius bestimmt, wie man sich im Zauberlabyrinth bewegen muss.

Auf dem Boden wird ein Schneckenlabyrinth mit Seilen gelegt oder mit Kreide aufgemalt. In der Mitte des Zauberlabyrinths liegen die kostbaren Kastanien. Ein Kind ist der Zauberer Kastilius und darf bestimmen, wie jedes Kind ins Innere des Schneckenlabyrinths hinein- und wieder hinaus-gelangt: auf zwei Beinen hüpfend, auf einem Bein hüpfend, schleichend, vorwärts oder rückwärts gehend, auf allen vieren usw. Wenn Kastilius von jedem Kind eine Kastanie bekommen hat, darf er einen neuen Zauberer für die nächste Labyrinthrunde bestimmen.

Kastanienritter und andere Figuren

Man braucht:
- Kastanien mit und ohne Schale
- Streichhölzer
- Knete
- Federn, Blüten

Eine dicke, stachelige Kugel wird der Bauch des Ritters. Darauf steckt der Kopf mit einer halben Schale als Hut. Arme und Beine sind aus Streichhölzern, die Schuhe wieder aus Kastanienschalen. Die Begleitung des Ritters trägt einen Blütenhut. Die Ritterkinder schaukeln in einer Wiege aus Kastanienschalen oder sie schlafen in Streichholzschachteln.

Kastanienprüfung

Wer in den Ritterstand der Kastanienritter aufgenommen werden will, muss eine besondere Prüfung ablegen. Sieben Nächte muss er in einem anderen Bett schlafen und nach der letzten Nacht sagen, welches Bett aus Kastanien gemacht ist.

Die Kinder sollen bei diesem Fühl- und Tastspiel mit dem ganzen Körper herausfinden, in welchem Bett sich die Kastanien befinden. Dazu werden auf dem Boden „Betten" aus verschiedenen Naturmaterialien gebaut und mit Decken oder Tüchern bedeckt. Die Kinder legen sich mit dem Rücken oder Bauch auf die Decken am Boden und versuchen herauszufinden, welches das Kastanienbett ist. Es werden noch Betten aus folgenden Naturmaterialien gemacht: Moos, Eicheln, Blätter, Stöcke, Steine, Kartoffeln usw.

Raupe

Man braucht:
- Kastanien
- Pfeifenreiniger
- Knete

Man kann die Raupe auf einen Bindfaden auffädeln oder auf einen festen Karton kleben. Das Auffädeln ist manchmal etwas schwierig und den Kindern fällt das Aufkleben leichter. Die Raupe bekommt ein Gesicht aus Knete und Fühler aus Pfeifenreinigern.

Mit Hut und Mütze: Eicheln

Hütchen balancieren

In einer winzigen Baumhöhle am Fuß einer alten Eiche lebt Elli Eichelhut. Nie geht sie ohne einen Hut aus dem Haus und in ihrer Höhle stapeln sich eine Menge ausgefallener Kopfbedeckungen. Der stürmische Wind hat ihr heute Morgen ihren Lieblingshut vom Kopf gepustet und noch immer sucht sie zwischen Stöcken und Moos nach ihm.

Vor Spielbeginn werden viele Eicheln mit Hut gesammelt. Vorsichtig lösen die Kinder die Hütchen von der Eichel. An der Startlinie der Spielbahn steht eine Schale mit den Hütchen. Am Ziel steht eine Schale, die mit Erde oder Sand gefüllt ist. Dort werden die Eicheln hineingesetzt. Die Kinder bilden zwei Mannschaften. Auf ein Zeichen hin balancieren sie ein Eichelhütchen auf einem Teelöffel, auf einem Blatt, auf dem Kopf oder auf andere Weise ins Ziel und setzen einer Eichel das Hütchen auf. Schnell laufen sie zurück zum Start und das nächste Kind ist an der Reihe. Das Spiel endet, wenn alle Eicheln wieder einen Hut tragen.

Nusszwerg mit Pfeife

Man braucht:
- Nüsse
- Watte
- Eichel
- Knete
- Klebstoff
- Krepppapier

Die Nüsse übereinander kleben. Aus Krepppapier einen Hut basteln und aufkleben. Dem Zwerg ein Gesicht aus Knete aufkleben und ihm das Eichelhütchen als Pfeife in den Mund stecken. Den Rauch aus Watte nicht vergessen.

Schaukelkörbchen

Elli Eichelhut hat im Wald eine ganz besondere Schaukel entdeckt. All ihre Verwandten lädt sie zum Mitschaukeln ein.

Ein Weidenkörbchen wird an einem dünnen Faden in Brusthöhe der Kinder an einen Ast gebunden. Es kann frei hin und her schaukeln. Die Kinder stellen sich in einigen Schritten Entfernung um den Korb herum. Jedes Kind bekommt zehn Eicheln. Nacheinander legen oder werfen sie die Eicheln in das Körbchen. Wie viele Eicheln passen in das Körbchen, ehe der dünne Faden reißt und Elli Eichelhut mit ihren Verwandten auf den Boden kullert?

Eicheldamen mit Hut

Man braucht:
- Eicheln mit Hut
- Klebstoff
- Knete
- Filzstift
- Krepppapier

Jeweils zwei Eicheln zu einer Figur zusammenkleben, einen Schal aus Krepppapier um den Hals wickeln und die Figuren in einem Stück Knete aufstellen. Das Gesicht mit Filzstift aufmalen und jeder Dame einen anderen Hut aufsetzen. Eine besonders schöne Dame fährt hier in einem Kastaniencabrio spazieren.

Herbstgeklimper: Bucheckern

Herbstmelodie

Es ist Herbst geworden. Der Zwergenwichtel Pit hat es sich in seinem weichen Blätterbett unter einer alten Buche gemütlich gemacht und lauscht der schönsten Herbstmelodie des Jahres, dem Bucheckernlied: Die reifen Früchte fallen aus ihren Fruchtschalen zu Boden und lassen auf dem Boden und den Blättern eine zarte Melodie ertönen.

Die Kinder sammeln unter einer Buche die dreikantigen Bucheckernfrüchte, die Fruchtschalen und die schön gefärbten Blätter. Ein Kind spielt Pit, den Zwergenwichtel. Auf einer Decke liegend kann es sich gleich von einer Herbstmelodie verzaubern lassen. Dazu werden neben das Zwergenkind mit Herbstblättern belegte Tabletts und Backbleche aufgestellt. Die anderen Kinder lassen nun abwechselnd Bucheckernfrüchte, Fruchtschalen und Blätter auf die Blättertabletts fallen. Das Zwergenkind kann die Herbstmelodie einfach nur genießen oder auch raten, ob gerade eine Frucht, eine Schale oder ein Blatt gefallen ist.

Kette

Man braucht: • Nadel und Faden   • Bucheckern

Auf einen langen Faden werden die Früchte der Bucheckern aufgefädelt. Ist die Kette lang genug, kann sie um den Hals gehängt werden.

Sammelfieber

Wenn die Herbstmelodie verklungen ist, sammelt Pit fleißig Bucheckern-früchte auf und trägt sie als Wintervorrat in seine Baumhöhle. Aber nicht nur Pit schmecken die nussigen Früchte, auch Muck, das Eichhörnchen, kommt zum Sammeln zur alten Buche. Ein kleiner Sammelwettstreit zwischen Pit und Muck beginnt.

Auf einem Tisch wird eine lange Reihe aus den Fruchtschalen der Buch-eckern ausgelegt, alle mit dem Fruchtstiel nach oben. Unter jeder Schale liegt eine braune Bucheckernfrucht. Es wird eine Startseite vereinbart, vor der jedes Kind eine eigene Spielfigur, z. B. die gebastelten Figuren Pit und Muck, platziert. Die Kinder würfeln mit dem Zahlenwürfel und mar-schieren mit ihrer Spielfigur entsprechend der gewürfelten Augenzahl die Bucheckernreihe entlang. Wo sie stehen bleiben, dürfen sie das Bucheckernhütchen hochheben, die darunter liegende Frucht wegnehmen und in eine kleine Schüssel legen. Wer hat beim Sammeln mehr Glück?

Pit und Muck

Man braucht:
- Korken
- Buntpapier
- Wattekugeln
- Streichhölzer
- Kunstpelz oder Filz

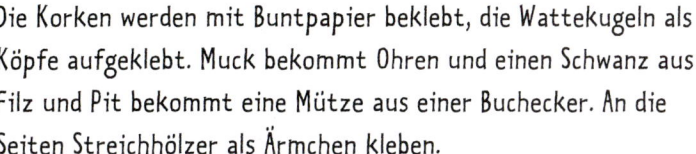

Die Korken werden mit Buntpapier beklebt, die Wattekugeln als Köpfe aufgeklebt. Muck bekommt Ohren und einen Schwanz aus Filz und Pit bekommt eine Mütze aus einer Buchecker. An die Seiten Streichhölzer als Ärmchen kleben.

Knallende Schneebeeren

Knallerbsenkonzert

Kleine weiße Bi-Ba-Beere,
hängst am Stri-Stra-Strauch.
Zupf-zipp-zapp,
pflücke ich dich ab.
Nur ein kleiner Schritt,
mit einem Tri-Tra-Tritt
Bi-Ba-Beere knallt im Wald,
dass es weithin schallt:
Knicke-knacke-peng!
(Regina Bestle-Körfer)

Knödel für die Zwerge

Man braucht: • ein Blatt • Knallerbsen

Auf einem Blatt werden Zwergen die Knödel serviert. Die Zwerge können aus Flaschenkorken schnell gebastelt werden. Auf einem Stück Rinde lässt sich auch eine große Tafel für die Zwerge aufbauen.

Schneebären-Kegeln

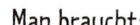

Man braucht: • Knallerbsen   • Streichhölzer
               • Filzstift   • Murmel zum Spielen

Zwei Knallerbsen werden jeweils mit einem halben Streichholz zusammengesteckt. Mit dem Filzstift eine Bärenschnauze aufmalen. Dann die Bären aufstellen und mit einer Murmel versuchen, sie zu treffen. Jeder hat drei Versuche. Wer macht die meisten Punkte?

Knallerbsenspiele

Die Schneebeere ist eine kugelig weiße, nicht essbare Beere, die an einem Strauch im Herbstwald wächst. Schneebeeren sind für Kinder bekannter unter dem Namen „Knallerbsen". Sie knacken oder manchmal knallen sie sogar, wenn sie mit den Schuhen auf einem festen Waldweg zertreten werden.

- Jedes Kind legt sich eine weiße Beere vor den Fuß und auf ein Start-kommando springen oder treten alle Kinder gleichzeitig auf ihre Knallerbse. Knallen die kleinen Beeren lauter als die großen Beeren oder ist es eher umgekehrt?

- Jedes Kind legt sich eine lange Spur aus vielen Knallerbsen auf den Waldweg und hüpft von einer Beere auf die nächste.

- Kleinere Kreise aus Knallerbsen werden auf den Waldweg gelegt und immer zwei Kinder stellen sich um ihren Knallerbsenkreis herum. Sie halten sich an den Händen und versuchen sich gegenseitig in den Kreis zu ziehen. Bei wem knackt und knallt es zuerst unter den Schuhen?

- Die Kinder transportieren eine Knallerbse auf dem Handrücken durch den Wald, sie steigen dabei über Äste und Wurzeln, ohne die Knallerbse zu verlieren. Wer kann über einen dicken Baumstamm mit einer Knallerbse auf dem Kopf balancieren?

Geheimnisvolle Winterruhe

Der Windgeist Schneeweiß

Der Windgeist Schneeweiß ist ein eiskalter Winterwind. Er fegt mit schauer-
lichem Geheul über das Land und verbreitet klirrende Kälte. Die Tiere
haben sich zum Winterschlaf in ihre gemütlichen Höhlen zurückgezogen
und träumen einen schönen Traum. Das Geheul des Windgeistes Schneeweiß
kann ihren Traum nicht stören. Sie hören nur ihre Traummelodie.

Ein Kind sitzt eingekuschelt auf einer Decke in der Kreismitte und
schließt die Augen zum Winterschlaf. Ein zweites Kind darf eine bekannte
Melodie summen oder singen. Die übrigen Kinder spielen den Windgeist
Schneeweiß und machen schauerliche SCHSCH-Geräusche. Kann das „schlafende Kind" seine Traummelodie aus dem Windgeheul heraushören und
erkennen?

Windgeist

Man braucht:
- Luftballon
- Zeitungspapier
- weißes Hemd
- Kleister
- Farben
- Fäden
- Papier
- Watte
- Schnur

Den Luftballon aufpusten und verknoten, das Zeitungspapier
in Streifen reißen. Mit Kleister bestreichen und Streifen für
Streifen um den Ballon kleben. Aus Kleisterpapier eine Nase
formen und ankleben. Nach dem Trocknen den Kopf bemalen
und ein Hemd ankleben. Weiße Papierhände in die Hemdärmel
kleben. Einige Wattebällchen mit einem Faden an den Fingern
befestigen.

Der Igel schläft auf einem Bein?

Bei diesem Flüsterspiel sitzen alle Kinder im Kreis. Zwei Kinder, die nebeneinander sitzen, beginnen das Flüsterspiel, indem sie jeweils in die andere Richtung eine unterschiedliche Botschaft flüstern. Ein Kind hat die Aufgabe, sich ein Tier auszudenken, das gerade seinen Winterschlaf beginnt. Es flüstert: „Mein Tier ist ein …" Das andere Kind denkt sich eine beliebige Schlafstellung oder Schlafstätte aus. Dazu flüstert es: „Mein Tier schläft …" Beide Kinder beginnen gleichzeitig, ihre Flüsterbotschaft ins Ohr ihres Nachbarkindes zu flüstern. Die Botschaften wandern im Kreis und treffen sich irgendwann bei einem Kind. Das Kind lüftet das Flüstergeheimnis und erzählt zum Beispiel: „Mein Tier ist ein Igel und schläft auf einem Bein!" Oder: „Mein Tier ist ein Hamster und schläft auf der Hühnerstange!"

Igel im Bett

Man braucht: • Filz   • Nadel und Faden   • Klebstoff
• Watte   • Filzstifte

Aus Filz alle Teile für den Igel zweimal ausschneiden, mit Watte füllen und zusammennähen. Die Stacheln aus Filz aufkleben. Einen Mund und die Augen mit Filzstift aufmalen. Aus Filzstücken ein Bett zurechtschneiden. An den Kanten zusammenkleben oder -nähen und den Igel zum Schlafen hineinlegen.

Es friert!

Vorsicht, Frost

Familie Waldmaus muss in ihrem Mauseloch ganz eng zusammenrücken, denn draußen ist es bitterkalt geworden. Wenn die Mäusekinder auf Futtersuche gehen, kriecht ihnen der Frost ins Fell.

Alle Kinder sind Mäuse, sie springen und huschen über ein Spielfeld. Drei weitere Kinder sind der Frost. In ihren Händen halten sie je einen „Eiszapfen" (z. B. ein Stück Holz, das mit Alufolie umwickelt ist). Unbemerkt versuchen sie nun, den Mäusekindern einen Eiszapfen in die Jackentasche oder in die Kapuze zu stecken und sie so zum Frieren zu bringen. Die letzten drei Mäusekinder, die sich bis zum Schluss der Spielrunde vor den Eiszapfen retten können, dürfen in einer neuen Runde den Frost spielen.

Zähneklapper-Mäuse

Man braucht:
- Wäscheklammern
- Klebstoff
- Filz
- Perlen

Die Körper der Mäuse aus grauem Filz ausschneiden. Ohren und Schwänze aus farbigem Filz zuschneiden. Hierbei kann sich jedes Kind seine eigene Farbe wählen, denn die Mäuse können später zum Spielen an die Kleidung geheftet werden. Die Ohren und Schwänze, eine Perlennase und Barthaare ankleben. Dann die Mäuse so auf die untere Hälfte einer Wäscheklammer kleben, dass man die Klammer noch gut an den Enden anfassen und klappern lassen kann.

Zähnegeklapper

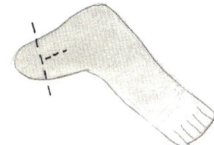

TAN-
-NEN-
-ZWEI-
-GE

An manchen Winterabenden wird es auch im Mauseloch so kalt, dass die Mäusekinder laut mit ihren kleinen Mausezähnen klappern, wenn sie sich miteinander unterhalten.

Alle Mitspieler sitzen als Mäusekinder im Kreis. Ein Kind geht vor die Tür, während die Mäusekinder sich ein mehrsilbiges Wort überlegen, das sie zähneklappernd sprechen werden. Das ausgesuchte Wort, z. B. Tannenzweige, wird in seine Silben zerlegt. Immer eine kleine Gruppe Kinder spricht je eine Silbe, z. B. Tan-Tan-Tan, eine weitere nen-nen-nen, zwei-zwei-zwei, ge-ge-ge. Das Kind wird hereingeholt und versucht heraushören, welches Wort sich die Mäusekinder ausgesucht haben.

Kuschelmaus

Man braucht:
- 1 Socke
- Filz
- Watte
- Schnur
- Nadel
- Faden
- Perle
- Knopf

Von der Socke so, wie hier auf der Zeichnung zu sehen ist, die Zehen abschneiden. Daraus dann zwei Ohren zuschneiden und annähen. In die Maulöffnung rosafarbenen Filz hineinnähen. Dann die Maus mit Watte ausstopfen und zunähen. Aus Filz Füße und Beine ausschneiden und auch annähen. Knopfauge, Perlennase und einen Schnurrbart und Schwanz aus Schnur oder Wolle befestigen.

Winterfarben

Graue Schleier

Die Schleierfrauen weben an einem riesigen Webrahmen fahle, graue Winterschleier und hüllen damit viele Wintertage in ein tristes Grau. Nur manchmal gelingt es der Sonne, die grauen Schleier zu vertreiben.

Die Kinder legen mit Naturmaterialien Winterbilder auf ein Tuch oder auf den Boden, z. B. Bäume aus Tannengrün, Häuser und Männchen aus Steinen und Stöcken usw. Um das Bild tanzen anschließend zwei Kinder herum. Sie haben graue Tücher und decken nach und nach das Bild damit zu. Dazu kann folgendes Lied gesungen werden (Melodie: Grün, grün, grün sind alle meine Kleider):

Grau, grau, grau, graue Schleier fallen
grau, grau, grau werden Wald und Feld.
Eine graue Decke für die kalte Erde
schwebt aus grauem Himmel und hüllt uns alle ein.

Zwei weitere Kinder tanzen dann mit einem gelben und einem blauen Tuch um das Bild. Dazu singen alle das Lied nun mit dem Text: „Gelb, gelb, gelb ..." und „Blau, blau, blau ...". Die Kraft der Sonne schafft es, dass die grauen Schleier sich heben und der blaue Himmel zum Vorschein kommt – die grauen Tücher werden wieder vom Winterbild genommen.

Schleierfrau

Man braucht:
- Kochlöffel
- graue Wolle
- Farben und Pinsel
- Watte
- Klebstoff
- weißes Papier

Den Kochlöffel grau anmalen und ein Gesicht aufmalen. Oben an den Stiel viele Wollfäden kleben. Um das Gesicht Wattehaare kleben. Aus weißem Papier Hände ausschneiden und an die Wolle kleben.

Graue Fänger

Zwei Kinder – ausgerüstet mit grauen Tüchern oder Bällen – versuchen als Schleierfrauen, alle anderen Kinder im Spielfeld mit dem Grau zu berühren. Außer den beiden Schleierfrauen dürfen sich aber alle Kinder nur in kleinen Seitwärts- oder Trippelschritten über das Spielfeld bewegen. Wer vom Grau berührt wird, wartet am Spielfeldrand, bis eine neue Fangrunde beginnt.

Winterbild

Man braucht:
- kleinen Holzkasten oder Kartondeckel
- Tonkarton
- Watte
- Klebstoff
- Zweige

Aus Tonkarton einen Hintergrund ausschneiden und in den Deckel kleben. Eine Sonne aus Tonkarton ausschneiden und an den Himmel kleben. Watte auf den Boden kleben, einen kleinen Schneemann aus Wattekugeln aufstellen, Zweige und Äste als Bäume in die Landschaft stellen.

Draußen gibt's ein Schneegestöber

Schneedusche

Über Nacht ist der erste Schnee gefallen. Als Putzi, das Eichhörnchen, und sein Freund, die kleine Blaumeise, aufwachen, liegt der Garten unter einer dicken, weißen Decke. Unermüdlich fallen die weißen Flocken vom Himmel. Schnell springt Putzi auf die voll beladenen Äste der alten Fichte und wirbelt der kleinen Blaumeise dabei eine Schneewolke übers Gefieder.

Die Kinder bilden Paare und suchen nach dick verschneiten Zweigen. Ein Kind stellt sich unter den Zweig. Es stellt sich vor, dass es unter der Dusche steht. Langsam dreht es den Wasserhahn auf und nimmt die Seife in die Hand ... und in diesem Augenblick zieht sein Partner kräftig an dem Zweig und der Schnee rieselt und purzelt herunter. Wer schafft es, ganz ruhig unter der kalten Schneedusche stehen zu bleiben? Kleine Bäumchen, die voller Schnee liegen, können auch kräftig geschüttelt werden.

Schneemann-Kegel

Man braucht:
- festen Karton
- Klebstoff
- Krepppapier
- Tonpapier
- Wattekugeln
- Filzstifte

Den Karton in der Mitte falten und anmalen. Immer zwei Wattekugeln zu einem Schneemann zusammenkleben. Kleine Zylinder aus Tonkarton, Krepppapiermützen und für den König eine Krone basteln und ankleben. Gesichter aufmalen und jedem Schneemann eine Ziffer von 1 bis 9 auf den Bauch malen. Dann die Kegel auf der Pappe aufstellen.

Schneeball-Kegeln

Putzi und die kleine Blaumeise haben sich eine besondere Kegelbahn gebaut. Dazu mussten sie ein rechteckiges Feld im Schnee ganz glatt stampfen. Am Ende des Feldes haben sie nun Fichtenzapfen als Kegel in den Schnee gesteckt.

Die Mitspieler wählen zwei Mannschaften und stellen sich hinter einer Linie auf, denn gleich beginnt das Wettkegeln. Als Kegelkugeln muss sich jede Mannschaft Schneebälle formen. Abwechselnd rollen nun beide Mannschaften ihre Schneebälle mit Schwung in die Kegel. Für jeden umgefallenen Kegel bekommt die Mannschaft einen Punkt. Welche Mannschaft wird Kegelkönig?

Schneemänner

Man braucht: • viel Schnee • Früchte
 • Mütze • Tannenzapfen

Schneemänner können immer wieder anders aussehen. Zweige können Arme oder Haare sein, Tannenzapfen Nasen oder Ohren. Hagebutten werden zu einem roten Mund. Einfach einmal ausprobieren!

Ein Winterblumenmärchen

Rätsel

Ein Glöckchen ist so weiß wie Schnee,
Eis und Kälte tun ihm nicht weh.
Es wächst und blüht im Winterland.
Hast du die Blume nun erkannt?

(Schneeglöckchen)

Blumenwichtel

Man braucht:

- festen Karton
- Buntpapier
- Briefklammern
- Cutter
- 2 Holzstäbe
- Klebstoff
- Watte

Die Umrisse des Wichtels aufzeichnen und ausschneiden. Den Arm mit der Gießkanne extra ausschneiden. Die Figur mit Buntpapier bekleben und bemalen. Den Arm mit einer Briefklammer befestigen. Hinter den Arm und den Körper jeweils einen Holzstab kleben. Mit der einen Hand die Figur an dem Stab festhalten, mit der anderen den Gießarm auf und ab bewegen.

Wie das Schneeglöckchen zu seinem Glöckchen kam

An einem frostig kalten Wintertag ließ sich ein Sonnenstrahl auf die Erde fallen. Er kitzelte die Schneeblume in ihrem Erdebett, bis sie erwachte. Die Schneeblume gähnte, reckte und streckte sich und begann zu wachsen. Sie zog ihr schneeweißes Kleid über und blickte neugierig in die weiße Winterwelt hinaus. Ein eiskalter Wind blies ihr entgegen, aber das störte sie nicht. Sie sah goldene Sonnenstrahlen, die eine lustige Glitzerparty im Schnee feierten. „Der Winter ist wunderschön", dachte die kleine Schneeblume. Eines Tages hörte sie schwere Schritte über die frostige Erde stapfen. Der Winterriese war unterwegs. Die kleine Schneeblume wollte noch rufen, doch ihre Stimme war zu schwach. Da sah sie schon seinen Riesenfuß vor sich stehen. Beim nächsten Schritt hätte der Winterriese sie zertreten – doch zufällig rutschte in diesem Augenblick ein kleines Glöckchen durch ein Loch seiner Manteltasche. Es fiel bimmelnd zu Boden. Der Winterriese bückte sich hinab zur Erde. Er wollte sein Glöckchen aufheben, da sah er die Schneeblume zum ersten Mal und sein kaltes Winterherz wurde warm. Vorsichtig, um es nicht zu zerdrücken, streifte der Winterriese der kleinen Schneeblume das Glöckchen über ihr weißes Blumenkleid. Seit diesem Tag wird die kleine Schneeblume Schneeglöckchen genannt. Nun weckt sie die Welt jedes Jahr aufs Neue mit leisem Glockenklang aus tiefem Winterschlaf.

(Regina Bestle-Körfer)

Die Autorinnen

Regina Bestle-Körfer

studierte Sozial-
pädagogik und arbeitet
seit 15 Jahren freiberuf-
lich als Referentin in
der Erwachsenenbildung, als Autorin
und Kinderyogatrainerin.

Sabine Lohf

ist Fotografin, Autorin
und Illustratorin. Lange
Jahre Grafikerin und
leitende Redakteurin
der Zeitschrift *spielen & lernen*. Viele
erfolgreiche Buchveröffentlichungen.
www.sabine-lohf.de

Annemarie Stollenwerk

ist Sozialpädagogin und
arbeitet in naturpäda-
gogischen Projekten.
Gemeinsam mit Regina
Bestle-Körfer schreibt sie seit 20
Jahren Bücher zu den Themen Sinnes-
und Naturerfahrung.

Teile dieses Buches sind vormals
erschienen in der Reihe
»Fantasiewerkstatt« des
Christophorus-Verlags.

FSC
Mix
Produktgruppe aus vorbildlich
bewirtschafteten Wäldern und
anderen kontrollierten Herkünften
Zert.-Nr. SGS-COC-1425
www.fsc.org
© 1996 Forest Stewardship Council

Verlagsgruppe Random House FSC-DEU-0100
Das für dieses Buch verwendete FSC-zertifizierte
Papier *Praximatt* liefert die »Deutsche Papier
Vertriebs GmbH«.

Copyright © 2010 Kösel-Verlag, München,
in der Verlagsgruppe Random House GmbH
Druck und Bindung: Mohn media, Gütersloh
Umschlag: Elisabeth Petersen, München
Umschlagmotive: Kinderfoto: Mauritius
Images/Marina Raith, andere: Sabine Lohf
Layoutentwurf: juhu media Susanne Dölz,
Bad Vilbel
Printed in Germany
ISBN 978-3-466-30838-5

Weitere Informationen zu diesem Buch und
unserem gesamten lieferbaren Programm
finden Sie unter
www.koesel.de